Theologische Briefe

Große Texte der Christenheit

2

Herausgegeben von
Dietrich Korsch und Johannes Schilling

Dietrich Bonhoeffer

Theologische Briefe aus »Widerstand und Ergebung«

Herausgegeben und kommentiert
von Thorsten Dietz

EVANGELISCHE VERLAGSANSTALT
Leipzig

Bibliographische Information der Deutschen Nationalbibliothek
Die Deutsche Nationalbibliothek verzeichnet diese Publikation in
der Deutschen Nationalbibliografie; detaillierte bibliografische Daten
sind im Internet über ‹http://dnb.dnb.de› abrufbar.

© 2017 by Evangelische Verlagsanstalt GmbH, Leipzig
Printed in Germany

Das Buch wurde auf alterungsbeständigem Papier gedruckt.

Cover: Makena Plangrafik, Leipzig
Satz: Evangelische Verlagsanstalt GmbH, Leipzig
Druck und Binden: CPI books GmbH, Leck

ISBN 978-3-374-05011-6
www.eva-leipzig.de

Vorwort

Dietrich Bonhoeffer ist nicht nur durch sein Lebenszeugnis im Widerstand gegen den Nationalsozialismus eine eindrückliche Gestalt. Auch seine theologischen Impulse haben bis heute nichts von ihrer Faszinationskraft verloren. Diese enge Verschränkung von Biographie und Theologie, von Reflexion und Engagement ist in der neueren Christentumsgeschichte fast einzigartig.

Besonders eindrücklich zeigt sich diese enge Verbindung von Leben und Glauben in den nachgelassenen Briefen der Gefängniszeit. Seit ihrem Erscheinen gelten diese Texte als eindrückliche Glaubenszeugnisse in Zeiten der Prüfung.

Unbestreitbar lebt die starke Nachwirkung des Theologen Dietrich Bonhoeffer vom Umstand der dichten Verschränkung seines Lebens und seines theologischen Denkens. Seine Theologie erfreut sich wesentlich auch aufgrund seines Lebenszeugnisses bis heute ungebrochener Aufmerksamkeit. Daher ist es kein Zufall, dass es über Bonhoeffer eine mit keinem anderen evangelischen Theologen der Neuzeit vergleichbare Fülle an biographischen Werken gibt. Zugleich bedarf sein theologisches Nachdenken der konzentrierten Vergegenwärtigung, weil sein Lebensweg nicht von seinen theologischen Motiven getrennt werden kann.

Diese Ausgabe konzentriert sich auf eine Reihe von Schreiben, die Dietrich Bonhoeffer selbst als seine theologischen Briefe bezeichnet hat. Im Zentrum dieses Kommentars steht der dort entfaltete theologische Gedankengang. Seine Überlegungen sollen erörtert werden unter Berücksichtigung seiner

Gesprächspartner und seines Lebens- und Denkweges, vor allem aber so, dass der systematische Zusammenhang seiner Gedanken sichtbar gemacht wird.

Für die evangelische Kirche der Gegenwart ist Dietrich Bonhoeffer heute unverzichtbar. Er verknüpft wie kaum jemand sonst unterschiedliche Stränge und Strömungen des Protestantismus. Sein Einsatz für Gerechtigkeit und Politik war von Anfang an ein wegweisendes Vorbild für den Linksprotestantismus der bundesdeutschen Nachkriegszeit. Seine Bibel- und Jesusfrömmigkeit verbindet ihn weltweit mit Evangelikalen und Pietisten. Die positive Bewertung neuzeitlicher Mündigkeit macht ihn auch innerhalb der liberalen Theologie anschlussfähig. Seine Leidenschaft für die sichtbare Kirche und seine Offenheit für gestaltete Spiritualität qualifizieren ihn zum Vermittler bei ökumenischen Gesprächen.

Bonhoeffers Ausstrahlung über Konfessions- und Landesgrenzen hinweg ist bis heute groß. Seine Statue steht über dem Hauptportal von Westminster Abbey unter den großen Märtyrern der modernen Christenheit. Seine Lebensgeschichte belegt noch im 21. Jahrhundert Spitzenplätze der New-York-Times-Bestsellerliste. Sehr viele Christen finden bei Dietrich Bonhoeffer etwas, was sie fasziniert. Unentbehrlich dürfte er darin sein, dass alle bei ihm auch etwas finden, was sie provozieren und herausfordern kann. Bonhoeffer wusste in seinem Denken und seinem Leben Aspekte miteinander zu vermitteln, die vielfach auseinanderstreben. Gerade dadurch ist sein Lebens- und Denkweg heute ein stets neues Angebot für alle evangelischen Christen.

Thorsten Dietz

Mai 2017

Dietrich Bonhoeffer, vermutlich 1942 in Zürich aufgenommen. Aus: Christian Gremmels / Renate Bethge (Hrsg.), Dietrich Bonhoeffer - Bilder eines Lebens © 2005, Gütersloher Verlagshaus, Gütersloh, in der Verlagsgruppe Random House GmbH.

Inhalt

A
Die Texte

Nach zehn Jahren
Rechenschaft an der Wende zum Jahr 1943*

1 Nach zehn Jahren

Zehn Jahre sind im Leben jedes Menschen eine lange Zeit. Da die Zeit das kostbarste, weil unwiederbringlichste Gut ist, über das wir verfügen, beunruhigt uns bei jedem Rückblick der Gedanke etwa verlorener Zeit. Verloren wäre die Zeit, in der wir nicht als Menschen gelebt, Erfahrungen gemacht, gelernt, geschaffen, genossen und gelitten hätten. Verlorene Zeit ist unausgefüllte, leere Zeit. Das sind die vergangenen Jahre gewiß nicht gewesen. Vieles, Unermeßliches haben wir verloren, aber die Zeit war nicht verloren. Zwar sind gewonnene Erkenntnisse und Erfahrungen, deren man sich nachträglich bewußt wird, nur Abstraktionen vom Eigentlichen, vom gelebten Leben selbst. Aber wie Vergessenkönnen wohl eine Gnade ist, so gehört doch das Gedächtnis, das Wiederholen empfangener Lehren, zum verantwortlichen Leben. In den folgenden Seiten möchte ich versuchen, mir Rechenschaft zu geben über einiges von dem, was sich uns in diesen Zeiten als gemeinsame Erfahrung und Erkenntnis aufgedrängt hat, nicht persönliche Erlebnisse, nichts systematisch Geordnetes, nicht Auseinandersetzungen und Theorien, sondern gewissermaßen gemeinsam im Kreise Gleichgesinnter gewonnene Ergebnisse auf dem Gebiet des Menschlichen, nebeneinandergereiht, nur durch die konkrete Erfahrung

---

*Dieser Text wird künftig immer kurz „Rechenschaftsbericht" genannt.

zueinander gehörig, nichts Neues, sondern gewiß in vergangenen Zeiten längst Gewußtes, aber uns neu zu erleben und zu erkennen Gegebenes. Man kann über diese Dinge nicht schreiben, ohne daß das Gefühl der Dankbarkeit für alle in diesen Jahren bewahrte und bewährte Gemeinschaft des Geistes und des Lebens jedes Wort begleitet.

2 Ohne Boden unter den Füssen

Ob es jemals in der Geschichte Menschen gegeben hat, die in der Gegenwart so wenig Boden unter den Füßen hatten – denen alle im Bereich des Möglichen liegenden Alternativen der Gegenwart gleich unerträglich, lebenswidrig, sinnlos erschienen –, die jenseits aller dieser gegenwärtigen Alternativen die Quelle ihrer Kraft so gänzlich im Vergangenen und im Zukünftigen suchten – und die dennoch, ohne Phantasten zu sein, das Gelingen ihrer Sache so zuversichtlich und ruhig erwarten konnten – wie wir? Oder vielmehr: ob die verantwortlich Denkenden einer Generation vor einer großen geschichtlichen Wende jemals anders empfunden haben als wir heute – eben weil etwas wirklich Neues im Entstehen war, das in den Alternativen der Gegenwart nicht aufging?

3 Wer hält stand?

Die große Maskerade des Bösen hat alle ethischen Begriffe durcheinander gewirbelt. Daß das Böse in der Gestalt des Lichts, der Wohltat, des geschichtlich Notwendigen, des sozial Gerechten erscheint, ist für den aus unserer tradierten ethischen Begriffswelt Kommenden schlechthin verwirrend; für den Christen, der aus der Bibel lebt, ist es gerade die Bestätigung der abgründigen Bosheit des Bösen.

Offenkundig ist das Versagen der *Vernünftigen*, die in bester Absicht und naiver Verkennung der Wirklichkeit das aus den Fugen gegangene Gebälk mit etwas Vernunft wieder zusammenbiegen zu können meinen. In ihrem mangelnden Sehvermögen wollen sie allen Seiten Recht widerfahren lassen und werden so durch die aufeinanderprallenden Gewalten zerrieben, ohne das Geringste ausgerichtet zu haben. Enttäuscht über die Unvernünftigkeit der Welt, sehen sie sich zur Unfruchtbarkeit verurteilt, treten sie resigniert zur Seite oder verfallen haltlos dem Stärkeren.

Erschütternder ist das Scheitern alles ethischen *Fanatismus*. Mit der Reinheit eines Prinzips meint der Fanatiker der Macht des Bösen entgegentreten zu können. Aber wie der Stier stößt er auf das rote Tuch statt auf dessen Träger, ermüdet und unterliegt. Er verfängt sich im Unwesentlichen und geht dem Klügeren in die Falle.

Einsam erwehrt sich der Mann des *Gewissens* der Übermacht der Entscheidung fordernden Zwangslagen. Aber das Ausmaß der Konflikte, in denen er zu wählen hat – durch nichts beraten und getragen als durch sein eigenes Gewissen –, zerreißt ihn. Die unzähligen ehrbaren und verführerischen Verkleidungen, in denen das Böse sich ihm nähert, machen sein Gewissen ängstlich und unsicher, bis er sich schließlich damit begnügt, statt eines guten ein salviertes Gewissen zu haben, bis er also sein eigenes Gewissen belügt, um nicht zu verzweifeln; denn daß ein böses Gewissen heilsamer und stärker sein kann als ein betrogenes Gewissen, das vermag der Mann, dessen einziger Halt sein Gewissen ist, nie zu fassen.

Aus der verwirrenden Fülle der möglichen Entscheidungen scheint der sichere Weg der *Pflicht* herauszuführen. Hier wird das Befohlene als das Gewisseste ergriffen, die Verantwortung für den Befehl trägt der Befehlshaber, nicht der Ausführende. In der Beschränkung auf das Pflichtgemäße aber kommt es niemals zu dem Wagnis der auf eigenste Verantwortung hin geschehenden Tat, die allein das Böse im Zentrum zu treffen und zu überwinden vermag. Der Mann der Pflicht wird schließlich auch noch dem Teufel gegenüber seine Pflicht erfüllen müssen.

Wer es aber unternimmt, in eigenster *Freiheit* in der Welt seinen Mann zu stehen, wer die notwendige Tat höher schätzt als die Unbeflecktheit des eigenen Gewissens und Rufes, wer dem fruchtbaren Kompromiß ein unfruchtbares Prinzip oder auch dem fruchtbaren Radikalismus eine unfruchtbare Weisheit des Mittelmaßes zu opfern bereit ist, der hüte sich davor, daß ihn nicht seine Freiheit zu Fall bringe. Er wird in das Schlimme willigen, um das Schlimmere zu verhüten, und er wird dabei nicht mehr zu erkennen vermögen, daß gerade das Schlimmere, das er vermeiden will, das Bessere sein könnte. Hier liegt der Urstoff von Tragödien.

Auf der Flucht vor der öffentlichen Auseinandersetzung erreicht dieser oder jener die Freistatt einer privaten *Tugendhaftigkeit*. Aber er muß seine Augen und seinen Mund verschließen vor dem Unrecht um ihn herum. Nur auf Kosten eines Selbstbetruges kann er sich von der Befleckung durch verantwortliches Handeln reinerhalten. Bei allem, was er tut, wird ihn das, was er unterläßt, nicht zur Ruhe kommen lassen. Er wird entweder an dieser Unruhe zugrunde gehen oder zum heuchlerischsten aller Pharisäer werden.

Wer hält stand? Allein der, dem nicht seine Vernunft, sein Prinzip, sein Gewissen, seine Freiheit, seine Tugend der letzte Maßstab ist, sondern der dies alles zu opfern bereit ist, wenn er im Glauben und in alleiniger Bindung an Gott zu gehorsamer und verantwortlicher Tat gerufen ist, der Verantwortliche, dessen Leben nichts sein will als eine Antwort auf Gottes Frage und Ruf. Wo sind diese Verantwortlichen?

4 Civilcourage?

Was steckt eigentlich hinter der Klage über die mangelnde Civilcourage? Wir haben in diesen Jahren viel Tapferkeit und Aufopferung, aber fast nirgends Civilcourage gefunden, auch bei uns selbst nicht. Es wäre eine zu naive Psychologie, diesen Mangel einfach auf persönliche Feigheit zurückzuführen. Die Hintergründe sind ganz andere. Wir Deutschen haben in einer langen Geschichte die Notwendigkeit und die Kraft des Gehorsams lernen müssen. In der Unterordnung aller persönlichen Wünsche und Gedanken unter den uns gewordenen Auftrag sahen wir Sinn und Größe unseres Lebens. Unsere Blicke waren nach oben gerichtet, nicht in sklavischer Furcht, sondern im freien Vertrauen, das im Auftrag einen Beruf und im Beruf eine Berufung sah. Es ist ein Stück berechtigten Mißtrauens gegen das eigene Herz, aus dem die Bereitwilligkeit entsteht, lieber dem Befehl von »oben« als dem eigenen Gutdünken zu folgen. Wer wollte dem Deutschen bestreiten, daß er im Gehorsam, im Auftrag, im Beruf immer wieder das Äußerste an Tapferkeit und Lebenseinsatz vollbracht hat? Seine Freiheit aber wahrte der Deutsche darin – und wo ist in der Welt leidenschaftlicher von der Freiheit gesprochen worden als in Deutschland von Luther bis zur Philosophie des Idealismus? –, daß er sich vom Eigenwillen zu befreien suchte im Dienst am Ganzen. Beruf und Freiheit galten ihm als zwei Seiten derselben Sache. Aber er hatte damit die Welt verkannt; er hatte nicht damit gerechnet, daß seine Bereitschaft zur Unterordnung, zum Lebenseinsatz für den Auftrag mißbraucht werden könnte zum Bösen. Geschah dies, wurde die Ausübung des Berufes selbst fragwürdig, dann mußten alle sittlichen Grundbegriffe des Deutschen ins Wanken geraten. Es mußte sich herausstellen, daß eine entscheidende Grunderkenntnis dem Deutschen noch fehlte: die von der Notwendigkeit der freien, verantwortlichen Tat auch gegen Beruf und Auftrag. An ihre Stelle trat einerseits verantwortungslose Skrupellosigkeit, andererseits selbstquälerische Skrupelhaftigkeit, die nie zur Tat führte. Civilcourage aber kann nur aus der freien Verantwortlichkeit des freien Mannes erwachsen. Die Deutschen fangen erst heute an zu entdecken, was freie Verantwortung heißt. Sie beruht auf einem Gott, der das freie Glaubenswagnis verantwortlicher Tat fordert und der dem, der darüber zum Sünder wird, Vergebung und Trost zuspricht.

5 Vom Erfolg

Es ist zwar nicht wahr, daß der Erfolg auch die böse Tat und die verwerflichen Mittel rechtfertigt, aber ebensowenig ist es möglich, den Erfolg als etwas ethisch völlig Neutrales zu betrachten. Es ist eben doch so, daß der geschichtliche Erfolg den Boden schafft, auf dem weiterhin allein gelebt werden kann, und es bleibt sehr fraglich, ob es ethisch verantwortlicher ist, als ein Don Quijote gegen eine neue Zeit zu Felde zu ziehen oder im Eingeständnis der eigenen Niederlage und schließlich in freier Einwilligung in sie einer neuen Zeit zu dienen. Der Erfolg macht schließlich die Geschichte, und über den Kopf der geschichtemachenden Männer hinweg schafft der Lenker der Geschichte immer wieder aus Bösem Gutes. Es ist ein Kurzschluß ungeschichtlich und d. h. unverantwortlich denkender Prinzipienreiter, der die ethische Bedeutung des Erfolges einfach ignoriert, und es ist gut, daß wir einmal gezwungen sind, uns mit dem ethischen Problem des Erfolges ernsthaft auseinanderzusetzen. Solange das Gute Erfolg hat, können wir uns den Luxus leisten, den Erfolg für ethisch irrelevant zu halten. Wenn aber einmal böse Mittel zum Erfolg führen, dann entsteht das Problem. Angesichts solcher Lage erfahren wir, daß weder theoretisch zuschauendes Kritisieren und Rechthabenwollen, also die Weigerung, sich auf den Boden der Tatsachen zu stellen, noch Opportunismus, also die Selbstpreisgabe und Kapitulation angesichts des Erfolges, unserer Aufgabe gerecht werden. Weder beleidigte Kritiker noch Opportunisten wollen und dürfen wir sein, sondern an der geschichtlichen Gestaltung – von Fall zu Fall und in jedem Augenblick, als Sieger oder all Unterlegene – Mitverantwortliche. Wer sich durch nichts, was geschieht, die Mitverantwortung für den Gang der Geschichte abnehmen läßt, weil er sie sich von Gott auferlegt weiß, der wird jenseits von unfruchtbarer Kritik und von ebenso unfruchtbarem Opportunismus ein fruchtbares Verhältnis zu den geschichtlichen Ereignissen finden. Die Rede von heroischem Untergang angesichts einer unausweichlichen Niederlage ist im Grunde sehr unheroisch, weil sie nämlich den Blick in die Zukunft nicht wagt. Die letzte verantwortliche Frage ist nicht, wie ich mich heroisch aus der Affäre ziehe, sondern wie eine kommende Generation weiterleben soll. Nur aus dieser geschichtlich verantwortlichen Frage können fruchtbare – wenn auch vorübergehend sehr demütigende – Lösungen entstehen. Kurz, es ist sehr viel leichter, eine Sache prinzipiell als in konkreter Verantwortung durchzuhalten. Die junge Generation wird immer den sichersten Instinkt dafür haben, ob nur aus Prinzip oder aus lebendiger Verantwortung heraus gehandelt wird; denn es geht dabei ja um ihre eigene Zukunft.

6 Von der Dummheit

Dummheit ist ein gefährlicherer Feind des Guten als Bosheit. Gegen das Böse läßt sich protestieren, es läßt sich bloßstellen, es läßt sich notfalls mit Gewalt verhindern, das Böse trägt immer den Keim der Selbstzersetzung in sich, indem es mindestens ein Unbehagen im Menschen zurückläßt. Gegen die Dummheit sind wir wehrlos. Weder mit Protesten noch durch Gewalt läßt sich hier etwas ausrichten; Gründe verfangen nicht; Tatsachen, die dem eigenen Vorurteil widersprechen, brauchen einfach nicht geglaubt zu werden – in solchen Fällen wird der Dumme sogar kritisch –, und wenn sie unausweichlich sind, können sie einfach als nichtssagende Einzelfälle beiseitegeschoben werden. Dabei ist der Dumme im Unterschied zum Bösen restlos mit sich selbst zufrieden; ja, er wird sogar gefährlich, indem er leicht gereizt zum Angriff übergeht. Daher ist dem Dummen gegenüber mehr Vorsicht geboten als gegenüber dem Bösen. Niemals werden wir mehr versuchen, den Dummen durch Gründe zu überzeugen; es ist sinnlos und gefährlich.

Um zu wissen, wie wir der Dummheit beikommen können, müssen wir ihr Wesen zu verstehen suchen. Soviel ist sicher, daß sie nicht wesentlich ein intellektueller, sondern ein menschlicher Defekt ist. Es gibt intellektuell außerordentlich bewegliche Menschen, die dumm sind, und intellektuell sehr Schwerfällige, die alles andere als dumm sind. Diese Entdeckung machen wir zu unserer Überraschung anläßlich bestimmter Situationen. Dabei gewinnt man weniger den Eindruck, daß die Dummheit ein angeborener Defekt ist, als daß unter bestimmten Umständen die Menschen dumm gemacht werden, bzw. sich dumm machen lassen. Wir beobachten weiterhin, daß abgeschlossen und einsam lebende Menschen diesen Defekt seltener zeigen als zur Gesellung neigende oder verurteilte Menschen und Menschengruppen. So scheint die Dummheit vielleicht weniger ein psychologisches als ein soziologisches Problem zu sein. Sie ist eine besondere Form der Einwirkung geschichtlicher Umstände auf den Menschen, eine psychologische Begleiterscheinung bestimmter äußerer Verhältnisse. Bei genauerem Zusehen zeigt sich, daß jede starke äußere Machtentfaltung, sei sie politischer oder religiöser Art, einen großen Teil der Menschen mit Dummheit schlägt. Ja, es hat den Anschein, als sei das geradezu ein soziologisch-psychologisches Gesetz. Die Macht der einen braucht die Dummheit der anderen. Der Vorgang ist dabei nicht der, daß bestimmte – also etwa intellektuelle – Anlagen des Menschen plötzlich verkümmern oder ausfallen, sondern daß unter dem überwältigenden Eindruck der Machtentfaltung dem Menschen seine innere Selbständigkeit geraubt wird und daß dieser nun – mehr oder weniger unbewußt – darauf verzichtet, zu den sich ergebenden Lebenslagen ein eigenes Verhalten zu finden. Daß der Dumme oft bockig ist, darf nicht darüber hinwegtäuschen, daß er nicht selbständig ist. Man spürt es geradezu im Gespräch mit ihm, daß man es gar nicht mit ihm selbst, mit ihm persönlich, sondern mit über ihn mächtig gewordenen Schlagworten, Parolen etc. zu tun hat. Er ist in einem Banne, er ist verblendet, er ist in seinem eigenen Wesen mißbraucht, mißhandelt. So zum willenlosen Instrument geworden, wird der Dumme auch zu allem Bösen fähig sein und zugleich unfähig, dies als Böses zu erkennen. Hier liegt die Gefahr eines diabolischen Mißbrauchs. Dadurch werden Menschen für immer zugrunde gerichtet werden können.

Aber es ist gerade hier auch ganz deutlich, daß nicht ein Akt der Belehrung, sondern allein ein Akt der Befreiung die Dummheit überwinden könnte. Dabei wird man sich damit abfinden müssen, daß eine echte innere Befreiung in den allermeisten Fällen erst möglich wird, nachdem die äußere Befreiung vorangegangen ist; bis dahin werden wir auf alle Versuche, den Dummen zu überzeugen, verzichten müssen. In dieser Sachlage wird es übrigens auch begründet sein, daß wir uns unter solchen Umständen vergeblich darum bemühen, zu wissen, was »das Volk« eigentlich denkt, und warum diese Frage für den verantwortlich Denkenden und Handelnden zugleich so überflüssig ist – immer nur unter den gegebenen Umständen. Das Wort der Bibel, daß die Furcht Gottes der Anfang der Weisheit sei [Ps 111,10], sagt, daß die innere Befreiung des Menschen zum verantwortlichen Leben vor Gott die einzige wirkliche Überwindung der Dummheit ist.

Übrigens haben diese Gedanken über die Dummheit doch dies Tröstliche für sich, daß sie ganz und gar nicht zulassen, die Mehrzahl der Menschen unter allen Umständen für dumm zu halten. Es wird wirklich darauf ankommen, ob Machthaber sich mehr von der Dummheit oder von der inneren Selbständigkeit und Klugheit der Menschen versprechen.

7 Menschenverachtung?

Die Gefahr, uns in Menschenverachtung hineintreiben zu lassen, ist sehr groß. Wir wissen wohl, daß wir kein Recht dazu haben und daß wir dadurch in das unfruchtbarste Verhältnis zu den Menschen geraten. Folgende Gedanken können uns vor dieser Versuchung bewahren: mit der Menschenverachtung verfallen wir gerade dem Hauptfehler unserer Gegner. Wer einen Menschen verachtet, wird niemals etwas aus ihm machen können. Nichts von dem, was wir im anderen verachten, ist uns selbst ganz fremd. Wie oft erwarten wir von anderen mehr, als wir selbst zu leisten willig sind. Warum haben wir bisher vom Menschen, seiner Versuchlichkeit und Schwäche so unnüchtern gedacht? Wir müssen lernen, die Menschen weniger auf das, was sie tun und unterlassen, als auf das, was sie erleiden, anzusehen. Das einzig fruchtbare Verhältnis zu den Menschen – gerade zu den Schwachen – ist

Liebe, d. h. der Wille, mit ihnen Gemeinschaft zu halten. Gott selbst hat die Menschen nicht verachtet, sondern ist Mensch geworden um der Menschen willen.

8 Immanente Gerechtigkeit

Es gehört zu den erstaunlichsten, aber zugleich unwiderleglichsten Erfahrungen, daß das Böse sich – oft in einer überraschend kurzen Frist – als dumm und unzweckmäßig erweist. Damit ist nicht gemeint, daß jeder einzelnen bösen Tat die Strafe auf dem Fuße folgt, aber daß die prinzipielle Aufhebung der göttlichen Gebote im vermeintlichen Interesse der irdischen Selbsterhaltung gerade dem eigenen Interesse dieser Selbsterhaltung entgegenwirkt. Man kann diese uns zugefallene Erfahrung verschieden deuten. Als gewiß scheint jedenfalls dies aus ihr hervorzugehen, daß es im Zusammenleben der Menschen Gesetze gibt, die stärker sind als alles, was sich über sie erheben zu können glaubt, und daß es daher nicht nur unrecht, sondern unklug ist, diese Gesetze zu mißachten. Von hier aus wird uns verständlich, warum die aristotelisch-thomistische Ethik die Klugheit zu einer der Kardinaltugenden erhob. Klugheit und Dummheit sind nicht ethisch indifferent – wie uns eine neuprotestantische Gesinnungsethik hat lehren wollen. Der Kluge erkennt in der Fülle des Konkreten und der in ihm enthaltenen Möglichkeiten zugleich die unübersteiglichen Grenzen, die allem Handeln durch die bleibenden Gesetze menschlichen Zusammenlebens gegeben sind, und in dieser Erkenntnis handelt der Kluge gut bzw. der Gute klug.

Nun gibt es gewiß kein geschichtlich bedeutsames Handeln, das nicht immer wieder einmal die Grenzen dieser Gesetze überschritte. Es ist aber ein entscheidender Unterschied, ob solche Überschreitung der gesetzten Grenze prinzipiell als deren Aufhebung aufgefaßt und damit als Recht eigener Art ausgegeben wird, oder ob man sich dieser Überschreitung als vielleicht unvermeidlicher Schuld bewußt bleibt und sie allein in der alsbaldigen Wiederherstellung und Achtung des Gesetzes und der Grenze gerechtfertigt sieht. Es braucht keineswegs Heuchelei zu sein, wenn als das Ziel politischen Handelns die Herstellung des Rechtes und nicht einfach die nackte Selbsterhaltung ausgegeben wird. Es *ist* einfach in der Welt so eingerichtet, daß die grundsätzliche Achtung der letzten Gesetze und Rechte des Lebens zugleich der Selbsterhaltung am dienlichsten ist, und daß diese Gesetze sich nur eine ganz kurze, einmalige, im Einzelfall notwendige Überschreitung gefallen lassen, während sie den, der aus der Not ein Prinzip macht und also neben ihnen ein eigenes Gesetz aufrichtet, früher oder später – aber mit unwiderstehlicher Gewalt – erschlagen. Die immanente Gerechtigkeit der Geschichte lohnt und straft nur die Tat, die ewige Gerechtigkeit Gottes prüft und richtet die Herzen.

9 Einige Glaubenssätze über das Walten Gottes in der Geschichte

Ich glaube, daß Gott aus allem, auch aus dem Bösesten, Gutes entstehen lassen kann und will. Dafür braucht er Menschen, die sich alle Dinge zum Besten dienen lassen. Ich glaube, daß Gott uns in jeder Notlage soviel Widerstandskraft geben will, wie wir brauchen. Aber er gibt sie nicht im voraus, damit wir uns nicht auf uns selbst, sondern allein auf ihn verlassen. In solchem Glauben müßte alle Angst vor der Zukunft überwunden sein. Ich glaube, daß auch unsere Fehler und Irrtümer nicht vergeblich sind, und daß es Gott nicht schwerer ist, mit ihnen fertig zu werden, als mit unseren vermeintlichen Guttaten. Ich glaube, daß Gott kein zeitloses Fatum ist, son-

dern daß er auf aufrichtige Gebete und verantwortliche Taten
wartet und antwortet.

10 Vertrauen

Die Erfahrung des Verrates ist kaum einem erspart geblieben.
Die Gestalt des Judas, die uns früher so unbegreiflich war, ist
uns kaum mehr fremd. So ist die Luft, in der wir leben, durch
Mißtrauen verpestet, daß wir fast daran zugrundegehen. Wo
wir aber die Schicht des Mißtrauens durchbrachen, dort haben wir die Erfahrung eines bisher gar nicht geahnten Vertrauens machen dürfen. Wir haben es gelernt, dort, wo wir
vertrauen, dem anderen unseren Kopf in die Hände zu geben;
gegen alle Vieldeutigkeiten, in denen unser Handeln und Leben stehen mußte, haben wir grenzenlos vertrauen gelernt.
Wir wissen nun, daß nur in solchem Vertrauen, das immer
ein Wagnis bleibt, aber ein freudig bejahtes Wagnis, wirklich
gelebt und gearbeitet werden kann. Wir wissen, daß es zu
dem Verwerflichsten gehört, Mißtrauen zu säen und zu be-
günstigen, daß vielmehr Vertrauen, wo es nur möglich ist,
gestärkt und gefördert werden soll. Immer wird uns das Vertrauen eines der größten, seltensten und beglückendsten
Geschenke menschlichen Zusammenlebens bleiben, und es
wird doch immer nur auf dem dunklen Hintergrund eines
notwendigen Mißtrauens entstehen. Wir haben gelernt, uns
dem Gemeinen durch nichts, dem Vertrauenswürdigen aber
restlos in die Hände zu geben.

11 Qualitätsgefühl

Wenn wir nicht den Mut haben, wieder ein echtes Gefühl für
menschliche Distanzen aufzurichten und darum persönlich
zu kämpfen, dann kommen wir in einer Anarchie menschlicher Werte um. Die Frechheit, die ihr Wesen in der Mißach-

tung aller menschlichen Distanzen hat, ist ebensosehr das Charakteristikum des Pöbels, wie die innere Unsicherheit, das Feilschen und Buhlen um die Gunst des Frechen, das Sichgemeinmachen mit dem Pöbel der Weg zur eigenen Verpöbelung ist. Wenn man nicht mehr weiß, was man sich und anderen schuldig ist, wo das Gefühl für menschliche Qualität und die Kraft, Distanz zu halten, erlischt, dort ist das Chaos vor der Tür. Wo man um materieller Bequemlichkeiten willen duldet, daß die Frechheit einem zu nahe tritt, dort hat man sich bereits selbst aufgegeben, dort hat man die Flut des Chaos an der Stelle des Dammes, an die man gestellt war, durchbrechen lassen und sich schuldig gemacht am Ganzen. In anderen Zeiten mag es die Sache des Christentums gewesen sein, von der Gleichheit des Menschen Zeugnis zu geben; heute wird gerade das Christentum für die Achtung menschlicher Distanzen und menschlicher Qualität leidenschaftlich einzutreten haben. Die Mißdeutung, als handele man in eigener Sache, die billige Verdächtigung unsozialer Gesinnung, muß entschlossen in Kauf genommen werden. Sie sind die bleibenden Vorwürfe des Pöbels gegen die Ordnung. Wer hier weich und unsicher wird, begreift nicht, worum es geht, ja vermutlich treffen ihn die Vorwürfe sogar mit Recht. Wir stehen mitten in dem Prozeß der Verpöbelung in allen Gesellschaftsschichten und zugleich in der Geburtsstunde einer neuen adligen Haltung, die einen Kreis von Menschen aus allen bisherigen Gesellschaftsschichten verbindet. Adel entsteht und besteht durch Opfer, durch Mut und durch ein klares Wissen um das, was man sich selbst und was man anderen schuldig ist, durch die selbstverständliche Forderung der Achtung, die einem zukommt, wie durch ein ebenso selbstverständliches Wahren der Achtung nach oben wie nach unten. Es geht auf der ganzen Linie um das Wiederfinden verschütteter Qualitätserlebnisse, um eine Ordnung auf Grund von Qualität. Qualität ist der stärkste Feind jeder Art von Vermassung. Gesellschaftlich bedeutet das den Verzicht auf die Jagd nach Positionen, den Bruch mit allem Starkult, den freien Blick nach oben und nach unten, besonders was die Wahl des engeren Freundeskreises angeht, die Freude am verborgenen Leben wie den Mut zum öffentlichen Leben. Kulturell bedeutet das Qualitätserlebnis die Rückkehr von Zeitung und Radio zum Buch, von der Hast zur Muße und Stille, von der Zerstreuung zur Sammlung, von der Sensation zur Besinnung, vom Virtuosenideal zur Kunst, vom Snobismus zur Bescheidenheit, von der Maßlosigkeit zum Maß. Quantitäten machen einander den Raum streitig. Qualitäten ergänzen einander.

12 Mitleiden

Man muß damit rechnen, daß die meisten Menschen nur durch Erfahrungen am eigenen Leibe klug werden. So erklärt sich *erstens* die erstaunliche Unfähigkeit der meisten Menschen zu präventivem Handeln jeder Art – man glaubt eben selbst immer noch, um die Gefahr herumzukommen, bis es schließlich zu spät ist; *zweitens* die Stumpfheit gegenüber fremden Leiden; proportional mit der wachsenden Angst vor der bedrohlichen Nähe des Unheils entsteht das Mitleid. Es läßt sich manches zur Rechtfertigung dieser Haltung sagen, ethisch: man will dem Schicksal nicht in die Räder greifen; innere Berufung und Kraft zum Handeln schöpft man erst aus dem eingetretenen Ernstfall; man ist nicht für alles Unrecht und Leiden in der Welt verantwortlich und will sich nicht zum Weltenrichter aufwerfen; psychologisch: der Mangel an Phantasie, an Sensitivität, an innerem Auf-dem-Sprunge-sein wird ausgeglichen durch eine solide Gelassenheit, ungestörte

Arbeitskraft und große Leidensfähigkeit. Christlich gesehen, können freilich alle diese Rechtfertigungen nicht darüber hinwegtäuschen, daß es hier entscheidend an der Weite des Herzens mangelt. Christus entzog sich solange dem Leiden, bis seine Stunde gekommen war; dann aber ging er ihm in Freiheit entgegen, ergriff es und überwand es. Christus – so sagt die Schrift – erfuhr alles Leiden aller Menschen an seinem Leibe als eigenes Leiden – ein unbegreiflich hoher Gedanke! –, er nahm es auf sich in Freiheit. Wir sind gewiß nicht Christus und nicht berufen, durch eigene Tat und eigenes Leiden die Welt zu erlösen, wir sollen uns nicht Unmögliches aufbürden und uns damit quälen, daß wir es nicht tragen können, wir sind nicht Herren, sondern Werkzeuge in der Hand des Herrn der Geschichte, wir können das Leiden anderer Menschen nur in ganz begrenztem Maße wirklich mitleiden. Wir sind nicht Christus, aber wenn wir Christen sein wollen, so bedeutet das, daß wir an der Weite des Herzens Christi teilbekommen sollen in verantwortlicher Tat, die in Freiheit die Stunde ergreift und sich der Gefahr stellt, und in echtem Mitleiden, das nicht aus der Angst, sondern aus der befreienden und erlösenden Liebe Christi zu allen Leidenden quillt. Tatenloses Abwarten und stumpfes Zuschauen sind keine christlichen Haltungen. Den Christen rufen nicht erst die Erfahrungen am eigenen Leibe, sondern die Erfahrungen am Leibe der Brüder, um derentwillen Christus gelitten hat, zur Tat und zum Mitleiden.

13 Vom Leiden

Es ist unendlich viel leichter, im Gehorsam gegen einen menschlichen Befehl zu leiden als in der Freiheit eigenster verantwortlicher Tat. Es ist unendlich viel leichter, in Gemeinschaft zu leiden als in Einsamkeit. Es ist unendlich viel leichter, öffentlich und unter Ehren zu leiden als abseits und in Schanden. Es ist unendlich viel leichter, durch den Einsatz des leiblichen Lebens zu leiden als durch den Geist. Christus litt in Freiheit, in Einsamkeit, abseits und in Schanden, an Leib und Geist, und seither viele Christen mit ihm.

14 Gegenwart und Zukunft

Es schien uns bisher zu den unveräußerlichen Rechten menschlichen Lebens zu gehören, sich einen Lebensplan entwerfen zu können, beruflich und persönlich. Damit ist es vorbei. Wir sind durch die Macht der Umstände in die Situation geraten, in der wir darauf verzichten müssen, »für den kommenden Tag zu sorgen« [Mt 6,34], wobei es ein wesentlicher Unterschied ist, ob das aus der freien Haltung des Glaubens heraus geschieht, die die Bergpredigt meint, oder als erzwungener Frondienst am jeweiligen Augenblick. Für die meisten Menschen bedeutet der erzwungene Verzicht auf Zukunftsplanung den verantwortungslosen, leichtfertigen oder resignierten Verfall an den Augenblick, einige wenige träumen noch sehnsüchtig von einer schöneren Zukunft und versuchen darüber die Gegenwart zu vergessen. Beide Haltungen sind für uns gleich unmöglich. Uns bleibt nur der sehr schmale und manchmal kaum noch zu findende Weg, jeden Tag zu nehmen, als wäre er der letzte, und doch in Glauben und Verantwortung so zu leben, als gäbe es noch eine große Zukunft. »Noch soll man Häuser, Äcker und Weinberge kaufen in diesem Lande« [Jer 32,15] muß Jeremia – in paradoxem Widerspruch zu seinen Unheilsweissagungen – unmittelbar vor der Zerstörung der Heiligen Stadt verkündigen, angesichts der völligen Zukunftslosigkeit ein göttliches Zeichen und Unterpfand einer neuen großen Zukunft. Denken und Handeln im Blick auf die kommende Generation, dabei ohne Furcht und Sorge jeden Tag bereit sein zu gehen – das ist die

Haltung, die uns praktisch aufgezwungen ist und die tapfer durchzuhalten nicht leicht, aber notwendig ist.

15 Optimismus

Es ist klüger, pessimistisch zu sein: vergessen sind die Enttäuschungen und man steht vor den Menschen nicht blamiert da. So ist Optimismus bei den Klugen verpönt. Optimismus ist in seinem Wesen keine Ansicht über die gegenwärtige Situation, sondern er ist eine Lebenskraft, eine Kraft der Hoffnung, wo andere resignieren, eine Kraft, den Kopf hoch zu halten, wenn alles fehlzuschlagen scheint, eine Kraft, Rückschläge zu ertragen, eine Kraft, die die Zukunft niemals dem Gegner läßt, sondern sie für sich in Anspruch nimmt. Es gibt gewiss auch einen dummen, feigen Optimismus, der verpönt werden muß. Aber den Optimismus als Willen zur Zukunft soll niemand verächtlich machen, auch wenn er hundertmal irrt; er ist die Gesundheit des Lebens, die der Kranke nicht anstecken soll. Es gibt Menschen, die es für unernst, Christen, die es für unfromm halten, auf eine bessere irdische Zukunft zu hoffen und sich auf sie vorzubereiten. Sie glauben an das Chaos, die Unordnung, die Katastrophe als den Sinn des gegenwärtigen Geschehens und entziehen sich in Resignation oder frommer Weltflucht der Verantwortung für das Weiterleben, für den neuen Aufbau, für die kommenden Geschlechter. Mag sein, daß der Jüngste Tag morgen anbricht, dann wollen wir gern die Arbeit für eine bessere Zukunft aus der Hand legen, vorher aber nicht.

16 Gefährdung und Tod

Der Gedanke an den Tod ist uns in den letzten Jahren immer vertrauter geworden. Wir wundern uns selbst über die Gelassenheit, mit der wir Nachrichten von dem Tode unserer Altersgenossen aufnehmen. Wir können den Tod nicht mehr so hassen, wir haben in seinen Zügen etwas von Güte entdeckt und sind fast ausgesöhnt mit ihm. Im Grunde empfinden wir wohl, daß wir ihm schon gehören und daß jeder neue Tag ein Wunder ist. Es wäre wohl nicht richtig zu sagen, daß wir gern sterben – obwohl keinem jene Müdigkeit unbekannt ist, die man doch unter keinen Umständen aufkommen lassen darf – dazu sind wir schon zu neugierig oder etwas ernsthafter gesagt: wir möchten gern noch etwas vom Sinn unseres zerfahrenen Lebens zu sehen bekommen. Wir heroisieren den Tod auch nicht, dazu ist uns das Leben zu groß und teuer. Erst recht weigern wir uns, den Sinn des Lebens in der Gefahr zu sehen, dafür sind wir nicht verzweifelt genug und wissen wir zuviel von den Gütern des Lebens, dafür kennen wir auch die Angst um das Leben zu gut und all die anderen zerstörenden Wirkungen einer dauernden Gefährdung des Lebens. Noch lieben wir das Leben, aber ich glaube, der Tod kann uns nicht mehr sehr überraschen. Unseren Wunsch, er möchte uns nicht zufällig, jäh, abseits vom Wesentlichen, sondern in der Fülle des Lebens und in der Ganzheit des Einsatzes treffen, wagen wir uns seit den Erfahrungen des Krieges kaum mehr einzugestehen. Nicht die äußeren Umstände, sondern wir selbst werden es sein, die unseren Tod zu dem machen, was er sein kann, zum Tod in freiwilliger Einwilligung.

17 Sind wir noch brauchbar?

Wir sind stumme Zeugen böser Taten gewesen, wir sind mit vielen Wassern gewaschen, wir haben die Künste der Verstellung und der mehrdeutigen Rede gelernt, wir sind durch Erfahrung mißtrauisch gegen die Menschen geworden und mußten ihnen die Wahrheit und das freie Wort oft schuldig bleiben, wir sind durch unerträgliche Konflikte mürbe oder vielleicht sogar zynisch geworden – sind wir noch brauchbar? Nicht Genies, nicht Zyniker, nicht Menschenverächter, nicht raffinierte Taktiker, sondern schlichte, einfache, gerade Menschen werden wir brauchen. Wird unsere innere Widerstandskraft gegen das uns Aufgezwungene stark genug und unsere Aufrichtigkeit gegen uns selbst schonungslos genug geblieben sein, daß wir den Weg zur Schlichtheit und Geradheit wiederfinden?

[18 Der Blick von unten]

Es bleibt ein Erlebnis von unvergleichlichem Wert, daß wir die großen Ereignisse der Weltgeschichte einmal von unten, aus der Perspektive der Ausgeschalteten, Beargwöhnten, Schlechtbehandelten, Machtlosen, Unterdrückten und Verhöhnten, kurz der Leidenden, sehen gelernt haben. Wenn nur in dieser Zeit nicht Bitterkeit oder Neid das Herz zerfressen hat, daß wir Großes und Kleines, Glück und Unglück, Stärke und Schwäche mit neuen Augen ansehen, daß unser Blick für Größe, Menschlichkeit, Recht und Barmherzigkeit klarer, freier, unbestechlicher geworden ist, ja, daß das persönliche Leiden ein tauglicherer Schlüssel, ein fruchtbareres Prinzip zur betrachtenden und tätigen Erschließung der Welt ist als persönliches Glück. Es kommt nur darauf an, daß diese Perspektive von unten nicht zur Parteinahme für die ewig Unzufriedenen wird, sondern daß wir aus einer höheren Zufriedenheit, die eigentlich jenseits von unten und oben begründet ist, dem Leben in allen seinen Dimensionen gerecht werden, und es so bejahen.

Dietrich Bonhoeffer

Theologische Briefe

An Eberhard Bethge [Tegel] 30.4.44

Was mich unablässig bewegt, ist die Frage, was das Christentum oder auch wer Christus heute für uns eigentlich ist. Die Zeit, in der man das den Menschen durch Worte – seien es theologische oder fromme Worte – sagen könnte, ist vorüber; ebenso die Zeit der Innerlichkeit und des Gewissens, und d. h. eben die Zeit der Religion überhaupt. Wir gehen einer völlig religionslosen Zeit entgegen; die Menschen können einfach, so wie sie nun einmal sind, nicht mehr religiös sein. Auch diejenigen, die sich ehrlich als »religiös« bezeichnen, praktizieren das in keiner Weise; sie meinen vermutlich mit »religiös« etwas ganz anderes.

Unsere gesamte 1900jährige christliche Verkündigung und Theologie aber baut auf dem »religiösen Apriori« der Menschen auf. »Christentum« ist immer eine Form (vielleicht die wahre Form) der »Religion« gewesen. Wenn nun aber eines Tages deutlich wird, daß dieses »Apriori« garnicht existiert, sondern daß es eine geschichtlich bedingte und vergängliche Ausdrucksform des Menschen gewesen ist, wenn also die Menschen wirklich radikal religionslos werden – und ich glaube, daß das mehr oder weniger bereits der Fall ist (woran liegt es z. B. daß dieser Krieg im Unterschied zu allen bisherigen eine »religiöse« Reaktion nicht hervorruft?) –, was bedeutet das dann für das »Christentum«? Unserem ganzen bisherigen »Christentum« wird das Fundament entzogen und es sind nur noch einige »letzte Ritter« oder ein paar intellektuell Unredliche, bei denen wir »religiös« landen können. Sollten das etwa die wenigen Auserwählten sein? Sollen wir uns eifernd, piquiert oder entrüstet ausgerechnet auf diese zweifelhafte Gruppe von Menschen stürzen, um unsere Ware bei ihnen abzusetzen? Sollen wir ein paar Unglückliche in ihrer schwachen Stunde überfallen und sie sozusagen religiös vergewaltigen? Wenn wir das alles nicht wollen, wenn wir schließlich auch die westliche Gestalt des Christentums nur als Vorstufe einer völligen Religionslosigkeit beurteilen müßten, was für eine Situation entsteht dann für uns, für die Kirche? Wie kann Christus der Herr auch der Religionslosen werden? Gibt es religionslose Christen? Wenn die Religion nur ein Gewand des Christentums ist – und auch dieses Gewand hat zu verschiedenen Zeiten sehr verschieden ausgesehen – was ist dann ein religionsloses Christentum?

Barth, der als einziger in dieser Richtung zu denken angefangen hat, hat diese Gedanken dann doch nicht durchgeführt und durchdacht, sondern ist zu einem Offenbarungspositivismus gekommen, der letzten Endes doch im Wesentlichen Restauration geblieben ist. Für den religionslosen Arbeiter oder Menschen überhaupt ist hier nichts Entscheidendes gewonnen. Die zu beantwortenden Fragen wären doch: was bedeutet eine Kirche, eine Gemeinde, eine Predigt, eine Liturgie, ein christliches Leben in einer religionslosen Welt? Wie sprechen wir von Gott – ohne Religion, d. h. eben ohne die zeitbedingten Voraussetzungen der Metaphysik, der Innerlichkeit etc. etc.? Wie sprechen (oder vielleicht kann man eben nicht einmal mehr davon »sprechen« wie bisher) wir »weltlich« von Gott, wie sind wir religionslos weltlich »Christen«, wie sind wir – ἐκ-κλησία, Herausgerufene, ohne uns religiös als Bevorzugte zu verstehen, sondern vielmehr als ganz zur Welt Gehörige? Christus ist dann nicht mehr Gegenstand der Religion, sondern etwas ganz anderes, wirklich Herr der Welt. Aber was heißt das? Was bedeutet in der Religionslosigkeit der Kultus und das Gebet? Bekommt hier die Arkandisziplin, bzw. die Unterscheidung (die Du ja bei mir schon kennst) von Vorletztem und Letztem neue Wichtigkeit?

Ich muß heute abbrechen, da der Brief gerade mit weg kann. In zwei Tagen schreibe ich Dir weiter darüber. Hoffentlich verstehst Du so ungefähr, was ich meine, und langweilt es Dich nicht. Leb einstweilen wohl! Es ist nicht leicht immer echolos zu schreiben; Du mußt entschuldigen, wenn es dadurch etwas monologisch wird! In Treue denkt sehr an Dich

Dein Dietrich.

Ich kann doch noch etwas weiterschreiben. – Die paulinische Frage, ob die περιτομή Bedingung der Rechtfertigung sei, heißt m. E. heute, ob Religion Bedingung des Heils sei. Die Freiheit von der περιτομή ist auch die Freiheit von der Religion. Oft frage ich mich, warum mich ein »christlicher Instinkt« häufig mehr zu den Religionslosen als zu den Religiösen zieht, und zwar durchaus nicht in der Absicht der Missionierung, sondern ich möchte fast sagen »brüderlich«. Während ich mich den Religiösen gegenüber oft scheue, den Namen Gottes zu nennen, – weil er mir hier irgendwie falsch zu klingen scheint und ich mir selbst etwas unehrlich vorkomme, (besonders schlimm ist es, wenn die anderen in religiöser Terminologie zu reden anfangen, dann verstumme ich fast völlig, und es wird mir irgendwie schwül und unbehaglich) – kann ich den Gottlosen gegenüber gelegentlich ganz ruhig und wie selbstverständlich Gott nennen. Die Religiösen sprechen von Gott, wenn menschliche Erkenntnis (manchmal schon aus Denkfaulheit) zu Ende ist oder wenn menschliche Kräfte versagen – es ist eigentlich immer der deus ex machina, den sie aufmarschieren lassen, entweder zur Scheinlösung unlösbarer Probleme oder als Kraft bei menschlichem Versagen, immer also in Ausnutzung menschlicher Schwäche bzw. an den menschlichen Grenzen; das hält zwangsläufig immer nur solange vor, bis die Menschen aus eigener Kraft die Grenzen etwas weiter hinausschieben und Gott als deus ex machina überflüssig wird; das Reden von den menschlichen Grenzen ist mir überhaupt fragwürdig geworden (ist selbst der Tod heute, da die Menschen ihn kaum noch fürchten, und die Sünde, die die Menschen kaum noch begreifen, noch eine echte Grenze?), es scheint mir immer, wir wollten dadurch nur ängstlich Raum aussparen für Gott; – ich möchte von Gott nicht an den Grenzen, sondern in der Kraft, nicht also bei Tod und Schuld, sondern im Leben und im Guten des Menschen sprechen. An den Grenzen scheint es mir besser, zu schweigen und das Unlösbare ungelöst zu lassen. Der Auferstehungsglaube *ist* nicht die »Lösung« des Todesproblems. Das »Jenseits« Gottes ist nicht das Jenseits unseres Erkenntnisvermögens! Die erkenntnistheoretische Transzendenz hat mit der Transzendenz Gottes nichts zu tun. Gott ist mitten in unserem Leben jenseitig. Die Kirche steht nicht dort, wo das menschliche Vermögen versagt, an den Grenzen, sondern mitten im Dorf. So ist es alttestamentlich, und in diesem Sinne lesen wir das N. T. noch viel zu wenig vom Alten her. Wie dieses religionslose Christentum aussieht, welche Gestalt es annimmt, darüber denke ich nun viel nach und ich schreibe Dir bald darüber mehr. Vielleicht wird hier gerade uns in der Mitte zwischen Osten und Westen eine wichtige Aufgabe zufallen. Jetzt muss ich wirklich schließen.

An Eberhard Bethge [Tegel] 5.5.44

Noch ein paar Worte zu den Gedanken über die »Religionslosigkeit«. Du erinnerst Dich wohl des Bultmann'schen Aufsatzes über »Entmythologisierung des Neuen Testaments«. Meine Meinung dazu würde heute die sein, daß er nicht »zu weit«, wie die meisten meinen, sondern zu wenig weit gegangen ist. Nicht nur »mythologische« Begriffe wie Wunder, Himmelfahrt etc. (die sich ja doch nicht prinzipiell von den Begriffen Gott, Glauben etc. trennen lassen!), sondern die »religiösen« Begriffe schlechthin sind problematisch. Man kann nicht Gott und Wunder voneinander trennen (wie Bultmann meint), aber man muß *beide* »nicht-religiös« interpretieren und verkündigen können. Bultmann's Ansatz ist eben doch im Grunde liberal (d. h. das Evangelium verkürzend), während ich theologisch denken will. Was heißt nun »religiös interpretieren«?

Es heißt m. E. einerseits metaphysisch, andererseits individualistisch reden. Beides trifft weder die biblische Botschaft noch den heutigen Menschen. Ist nicht die individualistische Frage nach dem persönlichen Seelenheil uns allen fast völlig entschwunden? Stehen wir nicht wirklich unter dem Eindruck, daß es wichtigere Dinge gibt, als diese Frage (– vielleicht nicht als diese *Sache*, aber doch als diese *Frage!*?)? Ich weiß, daß es ziemlich ungeheuerlich klingt, dies zu sagen. Aber ist es nicht im Grunde sogar biblisch? Gibt es im Alten Testament die Frage nach dem Seelenheil überhaupt? Ist nicht die Gerechtigkeit und das Reich Gottes auf Erden der Mittelpunkt von allen? und ist nicht auch Röm 3,24 ff. das Ziel des Gedankens, daß Gott allein gerecht sei, und nicht eine individualistische Heilslehre? Nicht um das Jenseits, sondern um diese Welt, wie sie geschaffen, erhalten, in Gesetze gefaßt, versöhnt und erneuert wird, geht es doch. Was über diese Welt hinaus ist, will im Evangelium *für* diese Welt da sein; ich meine das nicht in dem anthropozentrischen Sinne der liberalen, mystischen, pietistischen, ethischen Theologie, sondern in dem biblischen Sinne der Schöpfung, der Incarnation, Kreuzigung und Auferstehung Jesu Christi. Barth hat als erster Theologe – und das bleibt sein ganz großes Verdienst – die Kritik der Religion begonnen, aber er hat dann an ihre Stelle eine positivistische Offenbarungslehre gesetzt, wo es dann heißt: »friß, Vogel, oder stirb«; ob es nun Jungfrauengeburt, Trinität oder was immer ist, jedes ist ein gleichbedeutsames und -notwendiges Stück des Ganzen, das eben als Ganzes geschluckt werden muß oder garnicht. Das ist nicht biblisch. Es gibt Stufen der Erkenntnis und Stufen der Bedeutsamkeit; d. h. es muß eine Arkandisziplin wiederhergestellt werden, durch die die Geheimnisse des christlichen Glaubens vor Profanisierung behütet werden. Der Offenbarungspositivismus macht es sich zu leicht, indem er letztlich ein Gesetz des Glaubens aufrichtet und indem er das, was eine Gabe für uns ist – durch die Fleischwerdung Christi! – zerreißt. An der Stelle der Religion steht nun die Kirche – das ist an sich biblisch –, aber die Welt ist gewissermaßen auf sich selbst gestellt und sich selbst überlassen, das ist der Fehler. Ich denke augenblicklich darüber nach, wie die Begriffe Buße, Glaube, Rechtfertigung, Wiedergeburt, Heiligung »weltlich« – im alttestamentlichen Sinne und im Sinne von Joh 1,14 – umzuinterpretieren sind. Ich werde Dir weiter darüber schreiben.

Auszug aus Gedanken zum Tauftag von Dietrich Wilhelm Rüdiger Bethge [Tegel] Ende Mai 1944

Du wirst heute zum Christen getauft. Alle die alten großen Worte der christlichen Verkündigung werden über Dir ausgesprochen und der Taufbefehl Jesu Christi wird an Dir vollzogen, ohne daß Du etwas davon begreifst. Aber auch wir selbst sind wieder ganz auf die Anfänge des Verstehens zurückgeworfen. Was Versöhnung und Erlösung, was Wiedergeburt und Heiliger Geist, was Feindesliebe, Kreuz und Auferstehung, was Leben in Christus und Nachfolge Christi heißt, das alles ist so schwer und so fern, daß wir es kaum mehr wagen, davon zu sprechen. In den überlieferten Worten und Handlungen ahnen wir etwas ganz Neues und Umwälzendes, ohne es noch fassen und aussprechen zu können. Das ist unsere eigene Schuld. Unsere Kirche, die in diesen Jahren nur um ihre Selbsterhaltung gekämpft hat, als wäre sie ein Selbstzweck, ist unfähig, Träger des versöhnenden und erlösenden Wortes für die Menschen und für die Welt zu sein. Darum müssen die früheren Worte kraftlos werden und verstummen, und unser Christsein wird heute nur in zweierlei bestehen: im Beten und im Tun des Gerechten unter den Menschen. Alles Denken, Reden und Organisieren in den Dingen des Christentums muß neugeboren werden aus diesem Beten und aus diesem Tun. Bis Du groß bist, wird sich die Gestalt der Kirche sehr verändert haben. Die Umschmelzung ist noch nicht zu Ende, und jeder Versuch, ihr vorzeitig zu neuer organisatorischer Machtentfaltung zu verhelfen, wird nur eine Verzögerung ihrer Umkehr und Läuterung sein. Es ist nicht unsere Sache, den Tag vorauszusagen – aber der Tag wird kommen –, an dem wieder Menschen berufen werden, das Wort Gottes so auszusprechen, daß sich die Welt darunter verändert und erneuert. Es wird eine neue Sprache sein, vielleicht ganz unreligiös, aber befreiend und erlösend, wie die Sprache Jesu, daß sich die Menschen über sie entsetzen und doch von ihrer Gewalt überwunden werden, die Sprache einer neuen Gerechtigkeit und Wahrheit, die Sprache, die den Frieden Gottes mit den Menschen und das Nahen seines Reiches verkündigt. »Und sie werden sich verwundern und entsetzen über all dem Guten und über all dem Frieden, den ich ihnen geben will« (Jerem. 33,9). Bis dahin wird die Sache der Christen eine stille und verborgene sein; aber es wird Menschen geben, die beten und das Gerechte tun und auf Gottes Zeit warten. Möchtest Du zu Ihnen gehören und möchte es einmal von Dir heißen: »Des Gerechten Pfad glänzt wie das Licht, das immer heller leuchtet bis auf den vollen Tag« (Sprüche 4,18).

An Eberhard Bethge [Tegel] 29.5.44

Das Weizsäcker'sche Buch über das »Weltbild der Physik« beschäftigt mich noch sehr. Es ist mir wieder ganz deutlich geworden, daß man Gott nicht als Lückenbüßer unserer unvollkommenen Erkenntnis figurieren lassen darf; wenn nämlich dann – was sachlich zwangsläufig ist – sich die Grenzen der Erkenntnis immer weiter herausschieben, wird mit ihnen auch Gott immer weiter weggeschoben und befindet sich demgemäß auf einem fortgesetzten Rückzug. In dem, was wir erkennen; nicht in den ungelösten, sondern in den gelösten Fragen will Gott von uns begriffen sein. Das gilt für das Verhältnis von Gott und wissenschaftlicher Erkenntnis.

Aber es gilt auch für die allgemein menschlichen Fragen von Tod, Leiden und Schuld. Es ist heute so, daß es auch für diese Fragen menschliche Antworten gibt, die von Gott ganz absehen können. Menschen werden faktisch – und so war es zu allen Zeiten – auch ohne Gott mit diesen Fragen fertig und es ist einfach nicht wahr, daß nur das Christentum eine Lösung für sie hätte. Was den Begriff der »Lösung« angeht, so sind vielmehr die christlichen Antworten ebenso wenig (oder ebenso gut) – zwingend wie andere mögliche Lösungen. Gott ist auch hier kein Lückenbüßer; nicht erst an den Grenzen unserer Möglichkeiten, sondern mitten im Leben muß Gott erkannt werden; im Leben und nicht erst im Sterben, in Gesundheit und Kraft und nicht erst im Leiden, im Handeln und nicht erst in der Sünde will Gott erkannt werden. Der Grund dafür liegt in der Offenbarung Gottes in Jesus Christus. Er ist die Mitte des Lebens und ist keineswegs »dazu gekommen«, uns ungelöste Fragen zu beantworten. Von der Mitte des Lebens aus fallen gewisse Fragen überhaupt aus und ebenso die Antworten auf solche Fragen (ich denke an das Urteil über Hiobs Freunde!). In Christus gibt es keine »christlichen Probleme«. Genug davon, ich wurde gerade wieder einmal gestört.

An Eberhard Bethge [Tegel] 8.6.44

Du stellst nun inbezug auf die Gedanken, die mich in letzter Zeit beschäftigen, so viele wichtige Fragen, daß ich froh wäre, wenn ich sie selbst beantworten konnte. Es ist eben noch alles sehr im Anfang und es leitet mich, wie meist, mehr der Instinkt für kommende Fragen, als daß ich über sie schon Klarheit hätte. Ich will versuchen, einmal vom Geschichtlichen meinen Standort zu bezeichnen. Die etwa im 13. Jahrhundert (ich will mich auf den Streit über den Zeitpunkt nicht einlassen) – beginnende Bewegung in der Richtung auf die menschliche Autonomie (ich verstehe darunter die Entdeckung der Gesetze, nach denen die Welt in Wissenschaft, Gesellschafts- und Staatsleben, Kunst, Ethik, Religion lebt und mit sich selbst fertig wird) ist in unsrer Zeit zu einer gewissen Vollständigkeit gekommen. Der Mensch hat gelernt, in allen wichtigen Fragen mit sich selbst fertig zu werden ohne Zu-

hilfenahme der »Arbeitshypothese Gott«. In wissenschaftli-
chen, künstlerischen und ethischen Fragen ist das eine Selbst-
verständlichkeit geworden, an die man kaum mehr zu rühren
wagt; seit etwa 100 Jahren gilt das aber in zunehmendem
Maße auch für die religiösen Fragen; es zeigt sich, daß alles
auch ohne »Gott« geht und zwar ebenso gut wie vorher.
Ebenso wie auf wissenschaftlichem Gebiet wird im allgemein
menschlichen Bereich »Gott« immer weiter aus dem Leben
zurückgedrängt, er verliert an Boden.

Katholische und protestantische Geschichtsschreibung
sind sich nun darüber einig, daß in dieser Entwicklung der
große Abfall von Gott, von Christus zu sehen sei, und je mehr
sie Gott und Christus gegen diese Entwicklung in Anspruch
nimmt und ausspielt, desto mehr versteht sich diese Entwicklung selbst als antichristlich. Die zum Bewußtsein ihrer
selbst und ihrer Lebensgesetze gekommene Welt ist ihrer
selbst in einer Weise sicher, daß uns das unheimlich wird;
Fehlentwicklungen und Mißerfolge vermögen die Welt an
der Notwendigkeit ihres Weges und ihrer Entwicklung doch
nicht irre zu machen; sie werden mit männlicher Nüchtern-
heit in Kauf genommen, und selbst ein Ereignis wie dieser
Krieg macht darin keine Ausnahme.

Gegen diese Selbstsicherheit ist nun die christliche Apologetik in verschiedenen Formen auf den Plan getreten. Man
versucht der mündig gewordenen Welt zu beweisen, daß sie
ohne den Vormund »Gott« nicht leben könne. Wenn man
auch in allen weltlichen Fragen schon kapituliert hat, so bleiben doch immer die sogenannten »letzten Fragen« – Tod,
Schuld – auf die nur »Gott« eine Antwort geben kann und
um derentwillen man Gott und die Kirche und den Pfarrer
braucht. Wir leben also gewissermaßen von diesen sogenannten letzten Fragen der Menschen. Wie aber, wenn sie eines Ta-

ges nicht mehr als solche da sind, bzw. wenn auch sie »ohne Gott« beantwortet werden? Nun kommen zwar die säkularisierten Ableger der christlichen Theologie, nämlich die Existenzphilosophen und die Psychotherapeuten und weisen dem sicheren, zufriedenen, glücklichen Menschen nach, daß er in Wirklichkeit unglücklich und verzweifelt sei und das nur nicht wahrhaben wolle, daß er sich in einer Not befinde, von der er garnichts wisse und aus der nur sie ihn retten könnten. Wo Gesundheit, Kraft, Sicherheit, Einfachheit ist, dort wittern sie eine süße Frucht, an der sie nagen oder in die sie ihre verderblichen Eier legen. Sie legen es darauf an, den Menschen erst einmal in innere Verzweiflung zu treiben und dann haben sie gewonnenes Spiel. Das ist säkularisierter Methodismus. Und wen erreicht er? Eine kleine Zahl von Intellektuellen, von Degenerierten, von solchen, die sich selbst für das Wichtigste auf der Welt halten und sich daher gern mit sich selbst beschäftigen. Der einfache Mann, der sein tägliches Leben in Arbeit und Familie und gewiß auch mit allerlei Seitensprüngen zubringt, wird nicht getroffen. Er hat weder Zeit noch Lust, sich mit seiner existenziellen Verzweiflung zu befassen und sein vielleicht bescheidenes Glück unter dem Aspekt der »Not«, der »Sorge«, des »Unheils« zu betrachten.

Die Attacke der christlichen Apologetik auf die Mündigkeit der Welt halte ich erstens für sinnlos, zweitens für unvornehm, drittens für unchristlich. Sinnlos – weil sie mir wie der Versuch erscheint, einen zum Mann gewordenen Menschen in seine Pubertätszeit zurückzuversetzen, d. h. ihn von lauter Dingen abhängig zu machen, von denen er faktisch nicht mehr abhängig ist, ihn in Probleme hineinzustoßen, die für ihn faktisch nicht mehr Probleme sind. Unvornehm – weil hier ein Ausnutzen der Schwäche eines Menschen zu ihm fremden, von ihm nicht frei bejahten Zwecken versucht wird. Unchristlich – weil Christus mit einer bestimmten Stufe der Religiosität des Menschen, d. h. mit einem menschlichen Gesetz verwechselt wird. Darüber nachher noch ausführlicher.

Vorher noch ein paar Worte über die geschichtliche Situation. Die Frage heißt: Christus und die mündig gewordene Welt. Es war die Schwäche der liberalen Theologie, daß sie der Welt das Recht einräumte, Christus seinen Platz in ihr zuzuweisen; sie akzeptierte im Streit von Kirche und Welt den von der Welt diktierten – relativ milden – Frieden. Es war ihre Stärke, daß sie nicht versuchte, die Geschichte zurückzudrehen und die Auseinandersetzung wirklich aufnahm (Troeltsch!), wenn diese auch mit ihrer Niederlage endete. Der Niederlage folgte die Kapitulation und der Versuch eines völligen Neuanfangs auf Grund der Besinnung auf die eigenen Grundlagen in Bibel und Reformation. Heim machte den pietistisch-methodistischen Versuch, den einzelnen Menschen davon zu überzeugen, daß er vor der Alternative: »Verzweiflung oder Jesus« stehe. Er gewann »Herzen« Althaus (in Fortsetzung der modern-positiven Linie mit starker konfessioneller Ausrichtung) versuchte, der Welt einen Raum lutherischer Lehre (Amtes) und lutherischen Kults abzugewinnen und überließ im übrigen die Welt sich selbst. Tillich unternahm es, die Entwicklung der Welt selbst – gegen ihren Willen – religiös zu deuten, ihr durch die Religion ihre Gestalt zu geben. Das war sehr tapfer, aber die Welt warf ihn vom Sattel und lief allein weiter; auch er wollte die Welt besser verstehen, als sie sich selbst verstand; sie aber fühlte sich völlig mißverstanden und wies ein solches Ansinnen ab. (Zwar *muß* die Welt besser verstanden werden, als sie sich selbst versteht, aber eben nicht »religiös«, wie es die religiösen Sozialisten wollten!)

Barth erkannte als erster den Fehler aller dieser Versuche (die im Grunde alle noch im Fahrwasser der liberalen Theologie segelten, ohne es zu wollen) darin, daß sie alle darauf ausgehen einen Raum für Religion in der Welt oder gegen die Welt auszusparen. Er führte den Gott Jesu Christi gegen die Religion ins Feld, πνεῦμα gegen σάρξ bleibt sein größtes Verdienst (Römerbrief 2. Aufl. trotz aller neukantianischen Eierschalen!). Durch seine spätere Dogmatik hat er die Kirche instandgesetzt, diese Unterscheidung prinzipiell auf der ganzen Linie durchzuführen. Nicht in der Ethik, wie man häufig sagt, hat er dann versagt – seine ethischen Ausführungen, soweit sie existieren, sind ebenso bedeutsam wie seine dogmatischen –, aber in der nicht-religiösen Interpretation der theologischen Begriffe hat er keine konkrete Wegweisung gegeben, weder in der Dogmatik noch in der Ethik. Hier liegt seine Grenze und darum wird seine Offenbarungstheologie positivistisch, »Offenbarungspositivismus«, wie ich mich ausdrückte.

Die Bekennende Kirche nun hat weithin den Barthschen Ansatz überhaupt vergessen und ist vom Positivismus in die konservative Restauration geraten. Es ist ihre Bedeutung, daß sie die großen Begriffe der christlichen Theologie durchhält, aber darin scheint sie sich allmählich auch fast zu erschöpfen. Gewiß sind in diesen Begriffen die Elemente der echten Prophetie (hierunter fällt sowohl der Wahrheitsanspruch wie die Barmherzigkeit, von denen Du sprichst) wie des echten Kultes enthalten und insofern findet das Wort der B. K. überhaupt nur Aufmerksamkeit, Gehör und Ablehnung. Aber beides bleibt unentfaltet, fern, weil ihnen die Interpretation fehlt. Diejenigen, die hier wie z. B. P. Schütz oder die Oxforder oder die Berneuchener die »Bewegung« und das »Leben« vermissen, sind gefährliche Reaktionäre, rückschrittlich, weil sie hinter den Ansatz der Offenbarungstheologie überhaupt zurückgehen und nach »religiöser« Erneuerung rufen. Sie haben überhaupt das Problem noch garnicht verstanden und reden gänzlich an der Sache vorbei. Sie haben garkeine Zukunft (am ehesten noch die Oxforder, wenn sie nicht biblisch so substanzlos wären).

Bultmann scheint nun Barths Grenze irgendwie gespürt zu haben, aber er mißversteht sie im Sinne der liberalen Theologie, und verfällt daher in das typisch liberale Reduktionsverfahren (die »mythologischen« Elemente des Christentums werden abgezogen und das Christentum auf sein »Wesen« reduziert). Ich bin nun der Auffassung, daß die vollen Inhalte einschließlich der »mythologischen« Begriffe bestehen bleiben müssen – das Neue Testament ist nicht eine mythologische Einkleidung einer allgemeinen Wahrheit!, sondern diese Mythologie (Auferstehung etc.) ist die Sache selbst! aber daß diese Begriffe nun in einer Weise interpretiert werden müssen, die nicht die Religion als Bedingung des Glaubens (vgl. die περιτομή bei Paulus!) voraussetzt. Erst damit ist meines Erachtens die liberale Theologie (durch welche auch Barth, wenn auch negativ, noch bestimmt ist) überwunden, zugleich aber ist ihre Frage wirklich aufgenommen und beantwortet (was im Offenbarungspositivismus der B. K. nicht der Fall ist!). Die Mündigkeit der Welt ist nun kein Anlaß mehr zu Polemik und Apologetik, sondern sie wird nun wirklich besser verstanden, als sie sich selbst versteht, nämlich vom Evangelium, von Christus her.

Nun Deine Frage, wo der »Raum« der Kirche bleibt, ob er nicht gänzlich verloren geht, und die andere Frage, ob nicht Jesus selbst an die »Not« der Menschen angeknüpft hat, mithin der vorhin kritisierte »Methodismus« im Recht ist.

An Eberhard Bethge [Tegel] 27.6.44

Ich schreibe gegenwärtig die Auslegung der ersten 3 Gebote. Dabei fällt mir das erste besonders schwer. Die übliche Auslegung des Götzendienstes auf »Reichtum, Wollust und Ehre« scheint mir garnicht biblisch. Das ist eine Moralisierung. Götzen werden angebetet und Götzendienst setzt voraus, daß Menschen überhaupt noch etwas anbeten. Wir beten aber garnichts mehr an, nicht einmal Götzen. Darin sind wir wirklich Nihilisten.

Noch etwas zu unseren Gedanken über das A. T. Im Unterschied zu allen anderen orientalischen Religionen ist der Glaube des A. T. keine Erlösungsreligion. Nun wird doch aber das Christentum immer als Erlösungsreligion bezeichnet. Liegt darin nicht ein kardinaler Fehler, durch den Christus vom A. T. getrennt und von den Erlösungsmythen her interpretiert wird? Auf den Einwand, daß auch im A. T. die Erlösung (aus Ägypten und später Babylon, vgl. Deuterojesaja) eine entscheidende Bedeutung habe, ist zu erwidern, daß es sich hier um geschichtliche Erlösungen handelt, d. h. diesseits der Todesgrenze, während überall sonst die Erlösungsmythen gerade die Überwindung der Todesgrenze zum Ziel haben. Israel wird aus Ägypten erlöst, damit es als Volk Gottes auf Erden vor Gott leben kann. Die Erlösungsmythen suchen ungeschichtlich eine Ewigkeit nach dem Tod. Die »Scheol«, der Hades, sind keine Gebilde einer Metaphysik, sondern die Bilder, unter denen das irdisch »Gewesene« als zwar existent, aber doch nur schattenhaft in die Gegenwart hineinreichend, vorgestellt wird. Nun sagt man, das Entscheidende sei, daß im Christentum die Auferstehungshoffnung verkündigt würde, und daß also damit eine echte Erlösungsreligion entstanden sei. Das Schwergewicht fällt nun auf das Jenseits der

Todesgrenze. Und eben hierin sehe ich den Fehler und die Gefahr. Erlösung heißt nun Erlösung aus Sorgen, Nöten, Ängsten und Sehnsüchten, aus Sünde und Tod in einem besseren Jenseits. Sollte dies aber wirklich das Wesentliche der Christusverkündigung der Evangelien und des Paulus sein? Ich bestreite das. Die christliche Auferstehungshoffnung unterscheidet sich von den mythologischen darin, daß sie den Menschen in ganz neuer und gegenüber dem A. T. noch verschärfter Weise an sein Leben auf der Erde verweist. Der Christ hat nicht wie die Gläubigen der Erlösungsmythen aus den irdischen Aufgaben und Schwierigkeiten immer noch eine letzte Ausflucht ins Ewige, sondern er muß das irdische Leben wie Christus (»mein Gott, warum hast Du mich verlassen?«) ganz auskosten und nur indem er das tut, ist der Gekreuzigte und Auferstandene bei ihm und ist er mit Christus gekreuzigt und auferstanden. Das Diesseits darf nicht vorzeitig aufgehoben werden. Darin bleiben Neues und Altes Testament verbunden. Erlösungsmythen entstehen aus den menschlichen Grenzerfahrungen. Christus aber faßt den Menschen in der Mitte seines Lebens.

Du siehst, es sind immer wieder ähnliche Gedanken die mich umtreiben. Nun muß ich sie im einzelnen neutestamentlich belegen. Das folgt etwas später.

An Eberhard Bethge [Tegel] 30.6.44

Und nun will ich versuchen, das neulich abgebrochene theologische Thema weiterzuführen. Ich ging davon aus, daß Gott immer weiter aus dem Bereich einer mündig gewordenen Welt, aus unseren Erkenntnis- und Lebensbereichen hinausgeschoben wird, und seit Kant nur noch jenseits der Welt der

Erfahrung Raum behalten hat. Die Theologie hat sich einerseits apologetisch gegen diese Entwicklung gesträubt und ist gegen Darwinismus etc. – vergeblich – Sturm gelaufen; andrerseits hat sie sich mit der Entwicklung abgefunden und Gott nur noch bei den sogenannten letzten Fragen als deus ex machina fungieren lassen, d. h. Gott wird zur Antwort auf Lebensfragen, zur Lösung von Lebensnöten und -konflikten. Wo also ein Mensch nichts derartiges aufzuweisen hat bzw. wo er sich weigert, sich in diesen Dingen gehen und bemitleiden zu lassen, dort bleibt er eigentlich für Gott nicht ansprechbar oder es muß dem Mann ohne Lebensfragen etc. nachgewiesen werden, daß er in Wahrheit tief in solchen Fragen, Nöten, Konflikten steckt, ohne es sich einzugestehen oder es zu wissen. Gelingt das – und die Existenzialphilosophie und Psychotherapie hat in dieser Richtung ganz raffinierte Methoden ausgearbeitet, dann wird dieser Mann nur ansprechbar für Gott und der Methodismus kann seine Triumphe feiern. Gelingt es aber nicht, den Menschen dazu zu bringen, daß er sein Glück als sein Unheil, seine Gesundheit als seine Krankheit, seine Lebenskraft als seine Verzweiflung ansieht und bezeichnet, dann ist das Latein der Theologen am Ende. Man hat es entweder mit einem verstockten Sünder besonders bösartiger Natur oder mit einer »bürgerlich-saturierten« Existenz zu tun, und einer ist dem Heil ebenso fern wie der andere.

Sieh mal, das ist die Einstellung, gegen die ich mich zur Wehr setze. Wenn Jesus Sünder selig machte, so waren das wirkliche Sünder, aber Jesus machte nicht aus jedem Menschen zuerst einmal einen Sünder. Er rief sie von ihrer Sünde fort, aber nicht in ihre Sünde hinein. Gewiß bedeutete die Begegnung mit Jesus, daß sich alle Bewertungen der Menschen umkehrten. So war es bei der Bekehrung des Paulus. Da ging aber die Begegnung mit Jesus der Erkenntnis der Sünde voran. Gewiß nahm sich Jesus der Existenzen am Rande der menschlichen Gesellschaft, Dirnen, Zöllner, an, aber doch durchaus nicht nur ihrer, sondern weil er sich der Menschen überhaupt annehmen wollte. Niemals hat Jesus die Gesundheit, die Kraft, das Glück eines Menschen an sich in Frage gestellt und wie eine faule Frucht angesehen; warum hätte er sonst Kranke gesund gemacht, Schwachen die Kraft wiedergegeben? Jesus nimmt das ganze menschliche Leben in allen seinen Erscheinungen für sich und das Reich Gottes in Anspruch.

Gerade jetzt muß ich natürlich unterbrochen werden! Laß mich nur schnell nochmal das Thema, um das es mir geht, formulieren: die Inanspruchnahme der mündig gewordenen Welt durch Jesus Christus.

An Eberhard Bethge [Tegel] 8.7.[44]

Nun wieder ein paar Gedanken zu unserem Thema. Die biblische Seite der Sache darzustellen erfordert mehr gedankliche Klarheit und Konzentration, als ich heute besitze. Warte noch ein paar Tage, bis es wieder kühler ist! Ich habe auch nicht vergessen, daß ich Dir etwas über die nichtreligiöse Interpretation biblischer Begriffe schuldig bin. Aber heute erst noch einige Vorbemerkungen: Die Verdrängung Gottes aus der Welt, aus der Öffentlichkeit der menschlichen Existenz, führte zu dem Versuch, ihn wenigstens in dem Bereich des »Persönlichen«, »Innerlichen«, »Privaten« noch festzuhalten. Und da jeder Mensch irgendwo noch eine Sphäre des Privaten hat, hielt man ihn an dieser Stelle für am leichtesten angreifbar. Die Kammerdienergeheimnisse um es grob zu sagen – d. h. also der Bereich des Intimen (vom Gebet bis zur Sexualität) – wurden das Jagdgebiet der modernen Seelsorger. Darin gleichen sie (wenn auch ihre Absicht eine ganz andere war) den übelsten Asphaltjournalisten – erinnerst Du Dich an die »Wahrheit« und die »Glocke«? –, die die Intimitäten prominenter Leute ans Licht zogen; hier, um die Menschen gesellschaftlich, finanziell, politisch zu erpressen – dort, um sie religiös zu erpressen. Verzeih, aber ich kann es nicht billiger geben.

Soziologisch gesehen handelt es sich dabei um eine Revolution von unten, um einen Aufruhr der Minderwertigkeit. Wie die gemeine Gesinnung mit der Erscheinung eines Hochgestellten erst dadurch fertig wird, daß sie sich den Betreffenden »in der Badewanne« vorstellt oder in anderen verfänglichen Lagen, so auch hier. Es ist eine Art übler Genugtuung zu wissen, daß jeder seine Schwächen und Blößen hat. Es ist mir im Umgang mit den gesellschaftlichen »outcasts« – »Parias« – immer wieder aufgefallen, daß für sie das Mißtrauen das bestimmende Motiv aller Beurteilung anderer Menschen ist. Jede, selbst die selbstloseste Tat eines in Ansehen stehenden Menschen, wird von vornherein verdächtigt. Im übrigen finden sich diese »outcasts« in allen Schichten. Sie suchen auch im Blumengarten nur den Dung, auf dem die Blumen wachsen. Je bindungsloser ein Mensch lebt, desto eher verfällt er dieser Einstellung. Es gibt auch eine Bindungslosigkeit unter den Geistlichen, die wir das »Pfäffische« nennen, jenes Hinter-den-Sünden-der-Menschen-Herschnüffeln, um sie einzufangen. Es ist, als ob man ein schönes Haus erst kennte, wenn man die Spinnweben im letzten Keller gefunden hätte, als ob man ein gutes Theaterstück erst recht würdigen könne, wenn man gesehen hat, wie sich die Schauspieler hinter den Kulissen aufführen. Es liegt in derselben Richtung, wenn die Romane seit 50 Jahren ihre Menschen erst dann für richtig dargestellt halten, wenn sie sie im Ehebett geschildert haben und wenn Filme Entkleidungsszenen für nötig halten. Das Bekleidete, Verhüllte, Reine und Keusche hält man von vornherein für verlogen, verkleidet, unrein und man stellt damit nur die eigene Unreinheit unter Beweis. Das Mißtrauen und der Argwohn als Grundverhalten gegen die Menschen ist der Aufruhr der Minderwertigen.

Theologisch gesehen ist der Fehler ein doppelter: erstens, man glaubt einen Menschen erst als einen Sünder ansprechen zu können, wenn man seine Schwächen bzw. sein Gemeines ausspioniert hat; zweitens, man meint, das Wesen des Menschen bestehe in seinen innersten, intimsten Hintergründen und das nennt man dann seine »Innerlichkeit«; und ausgerechnet in diesen menschlichen Heimlichkeiten soll nun Gott seine Domäne haben! Zum ersten ist zu sagen, daß der Mensch zwar ein Sünder, aber deswegen noch lange nicht gemein ist. Sollten, um es banal zu sagen, Goethe oder Napoleon deswegen Sünder sein, weil sie nicht immer treue Ehemänner waren? Nicht die Sünden der Schwäche, sondern die starken Sünden sind es, um die es geht. Es ist garnicht nötig, herumzuspionieren. Die Bibel tut es nirgends. (Starke Sünden: beim Genie die Hybris; beim Bauern die Durchbrechung der Ordnung – ist der Dekalog etwa bäuerliche Ethik? –; beim Bürger die Scheu vor der freien Verantwortung. Ist das richtig?) Zum zweiten: Die Bibel kennt unsere Unterscheidung von Äußerem und Innerem nicht. Was soll sie eigentlich auch? Es geht ihr immer um den ἄνθρωπος τέλειος, den ganzen Menschen, auch dort, wo, wie in der Bergpredigt, der Dekalog ins »Innerlichste« vorgetrieben wird. Daß eine gute »Gesinnung« an die Stelle des ganzen Guten treten könne, ist völlig unbiblisch. Die Entdeckung der sogenannten Innerlichkeit wird erst in der Renaissance (wohl bei Petrarca) gemacht. Das »Herz« im biblischen Sinne ist nicht das Innerliche, sondern der ganze Mensch, wie er vor Gott ist. Da der Mensch aber ebensosehr von »außen« nach »innen« wie von »innen« nach »außen« lebt, ist die Meinung, ihn in seinen intimen seelischen Hintergründen erst in seinem Wesen zu verstehen, ganz abwegig.

Ich will also darauf hinaus, daß man Gott nicht noch an irgendeiner allerletzten heimlichen Stelle hineinschmuggelt, sondern daß man die Mündigkeit der Welt und des Menschen einfach anerkennt, daß man den Menschen in seiner Weltlichkeit nicht »madig macht«, sondern ihn an seiner stärksten Stelle mit Gott konfrontiert, daß man auf alle pfäffischen Kniffe verzichtet und nicht in Psychotherapie oder Existenzphilosophie einen Wegbereiter Gottes sieht. Dem Wort Gottes ist die Zudringlichkeit aller dieser Methoden viel zu unaristokratisch, um sich mit ihnen zu verbünden. Es verbündet sich nicht mit dem Aufruhr des Mißtrauens, dem Aufruhr von unten. Sondern es regiert.

So, nun wäre es an der Zeit, konkret über die weltliche Interpretation der biblischen Begriffe zu sprechen. Aber es ist zu heiß!

[...]

Übrigens fände ich es ganz nett, wenn Du meine theologischen Briefe nicht wegwerfen würdest, sondern sie, da sie Dich dort sicher zu sehr belasten, dann von Zeit zu Zeit an Renate schickst. Ich möchte sie später vielleicht wieder einmal für meine Arbeit lesen. Manches schreibt man im Brief unbefangener und lebendiger als im Buch und im brieflichen Gespräch habe ich oft bessere Gedanken als für mich allein.

An Eberhard Bethge [Tegel] 16.7.[44]

Nun wieder ein paar Gedanken zu unserem Thema. Ich arbeite mich erst allmählich an die nicht-religiöse Interpretation der biblischen Begriffe heran. Ich sehe mehr die Aufgabe, als daß ich sie schon zu lösen vermöchte. Zum Historischen: es ist eine große Entwicklung, die zur Autonomie der Welt führt. In der Theologie zuerst Herbert von Cherbury, der die Suffizienz der Vernunft für die religiöse Erkenntnis behauptete. In der Moral: Montaigne, Bodin, die anstelle der Gebote Lebensregeln aufstellen. In der Politik: Macchiavelli, der die Politik von der allgemeinen Moral löst und die Lehre von der Staatsraison begründet. Später, inhaltlich sehr von ihm verschieden, aber in der Richtung auf die Autonomie der menschlichen Gesellschaft doch mit ihm konform H. Grotius, der sein Naturrecht als Völkerrecht aufstellt, das Gültigkeit hat »etsi deus non daretur«, »auch wenn es keinen Gott gäbe«. Schließlich der philosophische Schlußstrich: einerseits der Deismus des Descartes: die Welt ist ein Mechanismus, der ohne Eingreifen Gottes von selbst abläuft; andrerseits der Pantheismus Spinoza's: Gott ist die Natur. Kant ist imgrunde Deist, Fichte und Hegel Pantheisten. Überall ist die Autonomie des Menschen und der Welt das Ziel der Gedanken. In der Naturwissenschaft beginnt die Sache offenbar mit Nikolaus von Cues und Giordano Bruno und ihrer – »häretischen« – Lehre von der Unendlichkeit der Welt. Der antike Kosmos ist ebenso wie die mittelalterliche geschaffene Welt endlich. Eine unendliche Welt – wie immer sie auch gedacht sein mag – ruht in sich selbst »etsi deus non daretur«. Die moderne Physik bezweifelt allerdings wieder die Unendlichkeit der Welt, ohne jedoch in die früheren Vorstellungen ihrer Endlichkeit zurückzufallen. Gott als moralische, politische, naturwissenschaftliche Arbeitshypothese ist abgeschafft, überwunden; ebenso aber als philosophische und religiöse Arbeitshypothese (Feuerbach!). Es gehört zur intellektuellen Redlichkeit, diese Arbeitshypothese fallen zu lassen bzw. sie so weitgehend wie irgend möglich auszuschalten. Ein erbaulicher Naturwissenschaftler, Mediziner etc. ist ein Zwitter. Wo behält nun Gott noch Raum? fragen ängstliche Gemüter und weil sie darauf keine Antwort wissen, verdammen sie die ganze Entwicklung, die sie in solche Notlage gebracht hat. Über die verschiedenen Notausgänge aus dem zu eng gewordenen Raum habe ich Dir schon geschrieben. Hinzuzufügen wäre noch der salto mortale zurück ins Mittelalter. Das Prinzip des Mittelalters aber ist die Heteronomie in der Form des Klerikalismus. Die Rückkehr dazu aber kann nur ein Verzweiflungsschritt sein, der nur mit dem Opfer der intellektuellen Redlichkeit erkauft werden kann. Er ist ein Traum nach der Melodie: »O wüßt' ich doch den Weg zurück, den weiten Weg ins Kinderland«. Diesen Weg gibt es nicht, – jedenfalls nicht durch den willkürlichen Verzicht auf innere Redlichkeit, sondern nur im Sinne von Matth. 18,3!; d. h. durch Buße, d. h. durch letzte Redlichkeit! Und wir können nicht redlich sein, ohne zu erkennen, daß wir in der Welt leben müssen – »etsi deus non daretur«. Und ebendies erkennen wir – vor Gott! Gott selbst zwingt uns zu dieser Erkenntnis. So führt uns unser Mündigwerden zu einer wahrhaftigeren Erkenntnis unserer Lage vor Gott. Gott gibt uns zu wissen, daß wir leben müssen als solche, die mit dem Leben ohne Gott fertig werden. Der Gott, der mit uns ist, ist der Gott, der uns verläßt (Markus 15,34)! Der Gott, der uns in der Welt leben läßt ohne die Arbeitshypothese Gott, ist der Gott, vor dem wir dauernd stehen. Vor und mit Gott leben wir ohne Gott. Gott läßt sich aus der Welt herausdrängen ans Kreuz, Gott ist ohnmächtig und schwach in der Welt und gerade und nur so ist er bei uns und hilft uns. Es ist Matthäus 8,17 ganz deutlich, daß Christus nicht hilft kraft seiner Allmacht, sondern kraft seiner Schwachheit, seines Leidens!

Hier liegt der entscheidende Unterschied zu allen Religionen. Die Religiosität des Menschen weist ihn in seiner Not an die Macht Gottes in der Welt, Gott ist der Deus ex machina. Die Bibel weist den Menschen an die Ohnmacht und das Leiden Gottes; nur der leidende Gott kann helfen. Insofern kann man sagen, daß die beschriebene Entwicklung zur Mündigkeit der Welt, durch die mit einer falschen Gottesvorstellung aufgeräumt wird, den Blick freimacht für den Gott der Bibel, der durch seine Ohnmacht in der Welt Macht und Raum gewinnt. Hier wird wohl die »weltliche Interpretation« einzusetzen haben.

An Eberhard Bethge [Tegel] 18.7.[44]

Das Gedicht über »Christen und Heiden« enthält einen Gedanken, den Du hier wiedererkennen wirst. »Christen stehen bei Gott in seinem Leiden«, das unterscheidet Christen von Heiden. »Könnt Ihr nicht eine Stunde mit mir wachen«? fragt Jesus in Gethsemane. Das ist die Umkehrung von allem, was der religiöse Mensch von Gott erwartet. Der Mensch wird aufgerufen, das Leiden Gottes an der gottlosen Welt mitzuleiden. Er muß also wirklich in der gottlosen Welt leben, und darf nicht den Versuch machen, ihre Gottlosigkeit irgendwie religiös zu verdecken, zu verklären; er muß »weltlich« leben und nimmt eben darin an dem Leiden Gottes teil; er darf »weltlich« leben, d. h. er ist befreit von den falschen religiösen Bindungen und Hemmungen. Christsein heißt nicht in einer bestimmten Weise religiös sein, auf Grund irgendeiner Methodik etwas aus sich machen (einen Sünder, Büßer oder einen Heiligen), sondern es heißt Menschsein, nicht einen Menschentypus, sondern einen Menschen schafft Christus in uns. Nicht der religiöse Akt macht den Christen, sondern das Teilnehmen am Leiden Gottes im weltlichen Leben. Das ist die »μετάνοια«, nicht zuerst an die eigenen Nöte, Fragen, Sünden, Ängste denken, sondern sich in den Weg Jesu Christi mithineinreißen lassen, in das messianische Ereignis, daß Jes. 53 nun erfüllt wird! Daher: »glaubet an das Evangelium« bzw. bei Joh. der Hinweis auf das »Lamm Gottes, das der Welt Sünden trägt« (nebenbei: A. Jeremias hat kürzlich behauptet, »Lamm« sei im Aramäischen auch durch »Knecht« zu übersetzen. Ganz schön im Hinblick auf Jes. 53!).

Dieses Hineingerissenwerden in das messianische Leiden Gottes in Jesus Christus geschieht im Neuen Testament in verschiedenster Weise: durch den Ruf der Jünger in die Nachfolge, durch die Tischgemeinschaft mit den Sündern, durch »Bekehrungen« im engeren Sinne des Wortes (Zachäus), durch das (ohne jedes Sündenbekenntnis sich vollziehende) Tun der großen Sünderin (Luk. 7), durch die Heilung der Kranken (s. o. Matth. 8,17), durch die Annahme der Kinder. Die Hirten wie die Weisen aus dem Osten stehen an der Krippe, nicht als »bekehrte Sünder«, sondern einfach, weil sie von der Krippe her angezogen werden (Stern). Der Hauptmann von Kapernaum, der gar kein Sündenbekenntnis ablegt, wird als Beispiel des Glaubens hingestellt (vgl. Jairus). Den reichen Jüngling »liebt« Jesus. Der Kämmerer (Apg. 8), Cornelius (Apg. 10) sind alles andere als Existenzen am Abgrund. Nathanael ist ein »Israelit ohne Falsch« (Joh. 1,47); schließlich Joseph von Arimathia, die Frauen am Grabe. Das einzige, ihnen allen Gemeinsame, ist das Teilhaben am Leiden Gottes in Christus. Das ist ihr »Glaube«. Nichts von religiöser Methodik, der »religiöse Akt« ist immer etwas Partielles, der »Glaube« ist etwas Ganzes, ein Lebensakt. Jesus ruft nicht zu einer neuen Religion auf, sondern zum Leben.

Wie sieht nun aber dieses Leben aus? Dieses Leben der Teilnahme an der Ohnmacht Gottes in der Welt? Davon schreibe ich das nächste Mal, hoffentlich: Heute nur noch dies: Wenn man von Gott »nichtreligiös« sprechen will, dann muß man so von ihm sprechen, daß die Gottlosigkeit der Welt dadurch nicht irgendwie verdeckt, sondern vielmehr gerade aufgedeckt wird und gerade so ein überraschendes Licht auf die Welt fällt. Die mündige Welt ist gottloser und darum vielleicht gerade Gott näher als die unmündige Welt. Verzeih, es ist noch furchtbar schwerfällig und schlecht gesagt, ich spüre das deutlich. Aber vielleicht hilfst gerade Du mir wieder zur Klärung und Vereinfachung und sei es nur dadurch, daß ich zu Dir darüber sprechen kann und Dich gleichsam immer fragen und antworten höre!

An Eberhard Bethge [Tegel] 21.7.[44]

Lieber Eberhard! Heute will ich Dir nur so einen kurzen Gruß schicken. Ich denke, Du wirst in Gedanken so oft und viel hier bei uns sein, daß Du Dich über jedes Lebenszeichen freust, auch wenn das theologische Gespräch einmal ruht. Zwar beschäftigen mich die theologischen Gedanken unablässig, aber es kommen dann doch auch Stunden, in denen man sich mit den unreflektierten Lebens- und Glaubensvorgängen genügen läßt. Dann freut man sich ganz einfach an den Losungen des Tages, wie ich mich z. B. an der gestrigen und heutigen besonders freue, und man kehrt zu den schönen Paul-Gerhardt-Liedern zurück und ist froh über diesen Besitz.

Ich habe in den letzten Jahren mehr und mehr die tiefe Diesseitigkeit des Christentums kennen und verstehen gelernt; nicht ein homo religiosus, sondern ein Mensch schlechthin ist der Christ, wie Jesus – im Unterschied wohl zu Johannes dem Täufer – Mensch war. Nicht die platte und banale Diesseitigkeit der Aufgeklärten, der Betriebsamen, der Bequemen oder der Lasziven, sondern die tiefe Diesseitigkeit, die voller Zucht ist, und in der die Erkenntnis des Todes und der Auferstehung immer gegenwärtig ist, meine ich. Ich glaube, daß Luther in dieser Diesseitigkeit gelebt hat.

Ich erinnere mich eines Gesprächs, das ich vor 13 Jahren in Amerika mit einem französischen jungen Pfarrer hatte. Wir hatten uns ganz einfach die Frage gestellt, was wir mit unserem Leben eigentlich wollten. Da sagte er: ich möchte ein Heiliger werden (– und ich halte für möglich, daß er es geworden ist –); das beeindruckte mich damals sehr. Trotzdem widersprach ich ihm und sagte ungefähr: ich möchte glauben lernen. Lange Zeit habe ich die Tiefe dieses Gegensatzes nicht verstanden. Ich dachte, ich könnte glauben lernen, indem ich selbst so etwas wie ein heiliges Leben zu führen versuchte. Als das Ende dieses Weges schrieb ich wohl die »Nachfolge«. Heute sehe ich die Gefahren dieses Buches, zu dem ich allerdings nach wie vor stehe, deutlich. Später erfuhr ich und ich erfahre es bis zur Stunde, daß man erst in der vollen Diesseitigkeit des Lebens glauben lernt.

Wenn man völlig darauf verzichtet hat, aus sich selbst etwas zu machen – sei es einen Heiligen oder einen bekehrten Sünder oder einen Kirchenmann (eine sogenannte priesterliche Gestalt!), einen Gerechten oder einen Ungerechten, einen Kranken oder einen Gesunden – und dies nenne ich Diesseitigkeit, nämlich in der Fülle der Aufgaben, Fragen, Erfolge und Mißerfolge, Erfahrungen und Ratlosigkeiten leben –, dann wirft man sich Gott ganz in die Arme, dann nimmt man nicht mehr die eigenen Leiden, sondern die Leiden Gottes in der Welt ernst, dann wacht man mit Christus in Gethsemane, und ich denke, das ist Glaube, das ist μετάνοια; und so wird man ein Mensch, ein Christ. (Vgl. Jerem 45!) Wie sollte man bei Erfolgen übermütig oder an Mißerfolgen irre werden, wenn man im diesseitigen Leben Gottes Leiden mitleidet? Du verstehst, was ich meine, auch wenn ich es so kurz sage. Ich bin dankbar, daß ich das habe erkennen dürfen und ich weiß, daß ich es nur auf dem Wege habe erkennen können, den ich nun einmal gegangen bin. Darum denke ich dankbar und friedlich an Vergangenes und Gegenwärtiges.

Vielleicht wunderst Du Dich über einen so persönlichen Brief. Aber wenn ich einmal so etwas sagen möchte, wem sollte ich es sonst sagen? Vielleicht kommt die Zeit, in der ich auch zu Maria einmal so sprechen kann; ich hoffe es sehr. Aber noch kann ich ihr das nicht zumuten.

Gott führe uns freundlich durch diese Zeiten; aber vor allem führe er uns zu sich.

An Eberhard Bethge
[Tegel, Briefstempel vom 27.7.44]

Deine Formulierung unseres theologischen Themas ist sehr klar und einfach. Die Frage, wie es eine »natürliche« Frömmigkeit geben kann, ist zugleich die Frage nach dem »unbewußten Christentum«, die mich mehr und mehr beschäftigt. Die lutherischen Dogmatiker unterschieden eine fides directa von einer fides reflexa. Sie bezogen das auf den sogenannten Kinderglauben bei der Taufe. Ich frage mich, ob hier nicht ein sehr weitreichendes Problem angeschnitten ist. Darüber hoffentlich bald mehr.

An Eberhard Bethge [Tegel] 28.7.[44]

Du meinst, in der Bibel sei von Gesundheit, Glück, Kraft etc. nicht viel die Rede. Ich habe mir das nochmal sehr überlegt. Für das AT trifft es doch jedenfalls nicht zu. Der theologische Zwischenbegriff im AT zwischen Gott und dem Glück etc. des Menschen ist, soweit ich sehe, der des Segens. Gewiß geht es im AT, also z. B. bei den Erzvätern, nicht um das Glück, aber es geht um den Segen Gottes, der alle irdischen Güter in sich schließt. Dieser Segen ist die Inanspruchnahme des irdischen Lebens für Gott und er enthält alle Verheißungen. Es würde wieder der üblichen vergeistigten Auffassung des NT entsprechen, den alttestamentlichen Segen als vom NT überholt zu betrachten. Aber sollte es ein Zufall sein, daß im Zusammenhang mit dem Mißbrauch des Abendmahls (»der gesegnete Kelch ...« 1Kor. 10,16! 1Kor. 11,30) von Krankheit und Tod gesprochen wird, daß Jesus Menschen gesund macht, daß die Jünger bei Jesus »nie Mangel leiden«? Soll man nun den alttestamentlichen Segen gegen das Kreuz setzen? So tat es Kierkegaard. Damit wird aus dem Kreuz ein Prinzip gemacht, bzw. aus dem Leiden, und eben hieraus entspringt ein ungesunder Methodismus, der dem Leiden den Charakter der Kontingenz einer göttlichen Schickung raubt. Übrigens muß ja auch im AT der Gesegnete viel leiden (Abraham, Isaak, Jakob, Joseph), aber nirgends führt dies (ebensowenig wie im NT) dazu, Glück und Leiden, bzw. Segen und Kreuz in einen ausschließlichen Gegensatz zueinander zu bringen. Der Unterschied zwischen AT und NT liegt wohl in dieser Hinsicht nur darin, daß im AT der Segen auch das Kreuz, im NT das Kreuz auch den Segen in sich schließt.

Noch etwas ganz anderes: nicht nur die Tat, sondern auch das Leiden ist ein Weg zur Freiheit. Die Befreiung liegt im Leiden darin, daß man seine Sache ganz aus den eigenen Händen geben und in die Hände Gottes legen darf. In diesem Sinne ist der Tod die Krönung der menschlichen Freiheit. Ob die menschliche Tat eine Sache des Glaubens ist oder nicht, entscheidet sich darin, ob der Mensch sein Leiden als eine Fortsetzung seiner Tat, als eine Vollendung der Freiheit versteht oder nicht. Das finde ich sehr wichtig und sehr tröstlich.

An Eberhard Bethge [Tegel] 3.8.[44]

Beiliegend findest Du einen Entwurf für eine Arbeit. Ich weiß nicht, ob Du etwas daraus entnehmen kannst; aber ich denke schon, daß Du etwa verstehst, was ich meine. Ich hoffe, daß ich Ruhe und Kraft behalte, diese Schrift zu schreiben. Die Kirche muß aus ihrer Stagnation heraus. Wir müssen auch wieder in die freie Luft der geistigen Auseinandersetzung mit der Welt. Wir müssen es auch riskieren, anfechtbare Dinge zu sagen, wenn dadurch nur lebenswichtige Fragen aufgerührt werden. Ich fühle mich als ein »moderner« Theologe, der doch noch das Erbe der liberalen Theologie in sich trägt, verpflichtet, diese Fragen anzuschneiden. Es wird unter den Jüngeren nicht viele geben, die das beides in sich verbinden. Wie sehr würde ich Deine Hilfe brauchen. Aber, wenn uns schon das klärende Gespräch genommen ist, so doch nicht das Gebet, unter dem jede solche Arbeit allein angefangen und getan werden kann.

ENTWURF EINER ARBEIT

Ich möchte eine – nicht über 100 Seiten lange – Schrift schreiben mit 3 Kapiteln:

1. Bestandsaufnahme des Christentums
2. Was ist eigentlich christlicher Glaube?
3. Folgerungen.

Im 1. Kapitel ist darzustellen

a) Das Mündigwerden des Menschen (wie schon angedeutet); die Sicherung des menschlichen Lebens gegen den »Zufall«, »Schicksalsschläge«; wenn seine Ausschaltung nicht möglich ist, so doch die Minderung der Gefahr. Das »Versicherungswesen« (das zwar von den »Zufällen« lebt, aber sie weniger schmerzhaft machen will) als abendländische Erscheinung; Ziel ist, unabhängig von der Natur zu sein. Natur wurde früher durch die Seele überwunden, bei uns durch technische Organisation aller Art. Das uns unmittelbar Gegebene ist nicht mehr die Natur, sondern die Organisation. Mit diesem Schutz vor der Bedrohung durch die Natur entsteht aber selbst wieder eine neue Bedrohung des Lebens, nämlich durch die Organisation selbst. Nun fehlt die seelische Kraft! Die Frage ist: Was schützt uns gegen die Bedrohung durch die Organisation? Der Mensch wird wieder auf sich selbst verwiesen. Mit allem ist er fertiggeworden, nur nicht mit sich selbst. Gegen alles kann er sich versichern, nur nicht gegen den Menschen. Zuletzt kommt es doch auf den Menschen an.

b) Die Religionslosigkeit des mündig gewordenen Menschen. »Gott« als Arbeitshypothese, als Lückenbüßer für unsere Verlegenheiten ist überflüssig geworden (wie schon angedeutet).

c) Die evangelische Kirche: Pietismus als letzter Versuch,

das evangelische Christentum als Religion zu erhalten; die lutherische Orthodoxie, der Versuch, die Kirche als Heilanstalt zu retten; Bekennende Kirche: Offenbarungstheologie; ein δός μοι ποῦ στῶ gegenüber der Welt; um sie herum ein »sachliches« Interesse am Christentum. Kunst, Wissenschaft auf der Suche nach ihrem Ursprung. Allgemein in der Bekennenden Kirche: Eintreten für die »Sache« der Kirche etc., aber wenig persönlicher Christusglaube. »Jesus« entschwindet dem Blick. Soziologisch: keine Wirkung auf die breiten Massen; Sache der Klein- und Großbürger. Starke Belastung mit schweren, tradierten Gedanken. Entscheidend: Kirche in der Selbstverteidigung. Kein Wagnis für andere.

d) Moral des Volkes. Demonstriert an der Sexualmoral.

2. Kapitel:

a) Weltlichkeit und Gott.

b) Wer ist Gott? Nicht zuerst ein allgemeiner Gottesglaube an Gottes Allmacht etc. Das ist keine echte Gotteserfahrung, sondern ein Stück prolongierter Welt. Begegnung mit Jesus Christus. Erfahrung, daß hier eine Umkehrung alles menschlichen Seins gegeben ist, darin, daß Jesus nur »für andere da ist‹. Das »Für-andere-Dasein« Jesu ist die Transzendenzerfahrung! Aus der Freiheit von sich selbst, aus dem »Für-andere-Dasein« bis zum Tod entspringt erst die Allmacht, Allwissenheit, Allgegenwart. Glaube ist das Teilnehmen an diesem Sein Jesu. (Menschwerdung, Kreuz, Auferstehung.) Unser Verhältnis zu Gott ist kein »religiöses« zu einem denkbar höchsten, mächtigsten, besten Wesen – dies ist keine echte Transzendenz –, sondern unser Verhältnis zu Gott ist ein neues Leben im »Dasein-für-andere«, in der Teilnahme am Sein Jesu. Nicht die unendlichen, unerreichbaren Aufgaben, sondern der jeweils gegebene erreichbare Nächste ist das

Transzendente. Gott in Menschengestalt!, nicht wie bei orientalischen Religionen in Tiergestalten als das Ungeheure, Chaotische, Ferne, Schauerliche; aber auch nicht in den Begriffsgestalten des Absoluten, Metaphysischen, Unendlichen etc.; aber auch nicht die griechische Gott-Menschengestalt des »Menschen an sich«, sondern »der Mensch für andere«!, darum der Gekreuzigte. Der aus dem Transzendenten lebende Mensch.

c) Interpretation der biblischen Begriffe von hier aus. (Schöpfung, Fall, Versöhnung, Buße, Glaube, vita nova, letzte Dinge.)

d) Kultus. (Darüber später ausführlich, speziell über Kultus und »Religion«!)

e) Was glauben wir wirklich?, d. h. so, daß wir mit unserem Leben daran hängen? Problem des Apostolikums? Was *muß* ich glauben? falsche Frage, überholte Kontroversfragen, speziell interkonfessionell; die lutherisch-reformierten – (teils auch katholischen) Gegensätze sind nicht mehr echt. Natürlich kann man sie jederzeit mit Pathos repristinieren, aber sie verfangen doch nicht mehr. Dafür gibt es keinen Beweis, davon muß man einfach auszugehen wagen. Beweisen kann man nur, daß der christlich-biblische Gaube nicht von diesen Gegensätzen lebt und abhängt. Barth und BK. führen dazu, daß man sich immer wieder hinter den »Glauben der Kirche« verschanzt und nicht ganz ehrlich fragt und konstatiert, was man selbst eigentlich glaubt. Darum weht auch in der Bekennenden Kirche nicht ganz freie Luft. Die Auskunft, es komme nicht auf mich, sondern auf die Kirche an, kann eine pfäffische Ausrede sein und wird draußen immer so empfunden. Ähnlich steht es mit dem dialektischen Verweis darauf, daß ich nicht über meinen Glauben verfüge und daher auch nicht einfach sagen kann, was ich glaube. Alle diese Gedanken, so gerechtfertigt sie an ihrem Ort auch sein mögen, entbinden uns nicht von der Redlichkeit uns selbst gegenüber. Wir können uns nicht, wie die Katholiken, einfach mit der Kirche identifizieren. (Übrigens liegt hier wohl der Ursprung der vulgären Meinung von der Unaufrichtigkeit der Katholiken.) Also, was glauben wir wirklich? Antwort unter b), c), d).

3. Kapitel:

Folgerungen:

Die Kirche ist nur Kirche, wenn sie für andere da ist. Um einen Anfang zu machen, muß sie alles Eigentum den Notleidenden schenken. Die Pfarrer müssen ausschließlich von den freiwilligen Gaben der Gemeinden leben, evtl. einen weltlichen Beruf ausüben. Sie muß an den weltlichen Aufgaben des menschlichen Gemeinschaftslebens teilnehmen, nicht herrschend, sondern helfend und dienend. Sie muß den Menschen aller Berufe sagen, was ein Leben mit Christus ist, was es heißt, »für andere dazusein«. Speziell wird *unsere* Kirche den Lastern der Hybris, der Anbetung der Kraft und des Neides und des Illusionismus als den Wurzeln allen Übels entgegentreten müssen. Sie wird von Maß, Echtheit, Vertrauen, Treue, Stetigkeit, Geduld, Zucht, Demut, Genügsamkeit, Bescheidenheit sprechen müssen. Sie wird die Bedeutung des menschlichen »Vorbildes« (das in der Menschheit Jesu seinen Ursprung hat und bei Paulus so wichtig ist!) nicht unterschätzen dürfen; nicht durch Begriffe, sondern durch »Vorbild« bekommt ihr Wort Nachdruck und Kraft. (Über das »Vorbild« im Neuen Testament schreibe ich noch besonders! Der Gedanke ist uns fast ganz abhanden gekommen!) Ferner: Revision der »Bekenntnis«-frage (Apostolikum); Revision der Kontroverstheologie; Revision der Vorbereitung auf das Amt und der Amtsführung.

Das ist alles sehr roh und summarisch gesagt. Aber es liegt mir daran, einmal den Versuch zu machen, einfach und klar gewisse Dinge auszusprechen, um die wir uns sonst gern herumdrücken. Ob es gelingt, ist eine andere Frage, zumal ohne die Hilfe des Gespräches. Ich hoffe damit für die Zukunft der Kirche einen Dienst tun zu können.

An Eberhard Bethge [Tegel, 21.8.44]

Lieber Eberhard! Heute in 8 Tagen ist Dein Geburtstag. Noch einmal habe ich mir die Losungen vorgenommen und darüber etwas meditiert. Es kommt wohl alles auf das »in Ihm« an. Alles, was wir mit Recht von Gott erwarten, erbitten dürfen, ist in Jesus Christus zu finden. Was ein Gott, so wie wir ihn uns denken, alles tun müßte und könnte, damit hat der Gott Jesu Christi nichts zu tun. Wir müssen uns immer wieder sehr lange und sehr ruhig in das Leben, Sprechen, Handeln, Leiden und Sterben Jesu versenken, um zu erkennen, was Gott verheißt und was er erfüllt. Gewiß ist, daß wir immer in der Nähe und unter der Gegenwart Gottes leben dürfen und daß dieses Leben für uns ein ganz neues Leben ist; daß es für uns nichts Unmögliches mehr gibt, weil es für Gott nichts Unmögliches gibt; daß keine irdische Macht uns anrühren kann ohne Gottes Willen, und daß Gefahr und Not uns nur näher zu Gott treibt; gewiß ist, daß wir nichts zu beanspruchen haben und doch alles erbitten dürfen; gewiß ist, daß im Leiden unsre Freude, im Sterben unser Leben verborgen ist; gewiß ist, daß wir in dem allen in einer Gemeinschaft stehen, die uns trägt. Zu all dem hat Gott in Jesus Ja und Amen gesagt. Dieses Ja und Amen ist der feste Boden, auf dem wir stehen.

Immer wieder in dieser turbulenten Zeit verlieren wir aus dem Auge, warum es sich eigentlich zu leben lohnt. Wir meinen, weil dieser oder jener Mensch lebe, habe es auch für uns Sinn zu leben. In Wahrheit aber ist es doch so: Wenn die Erde gewürdigt wurde, den Menschen Jesus Christus zu tragen, wenn ein Mensch wie Jesus gelebt hat, dann und nur dann hat es für uns Menschen einen Sinn zu leben. Hätte Jesus nicht gelebt, dann wäre unser Leben trotz aller anderen Menschen, die wir kennen, verehren und lieben, sinnlos. Vielleicht entschwindet uns jetzt manchmal die Bedeutung und Aufgabe unseres Berufes. Aber kann man sie nicht in einfachster Form so aussprechen? Der unbiblische Begriff des »Sinnes« ist ja nur eine Übersetzung dessen, was die Bibel »Verheißung« nennt.

B
Erläuterungen

Zu den Texten

In seinen Briefen an den Freund Eberhard Bethge redet Dietrich Bonhoeffer selbst schon von seinen theologischen Briefen (Brief vom 8.7.) und bittet um ihre Aufbewahrung: *Übrigens fände ich es ganz nett, wenn Du meine theologischen Briefe nicht wegwerfen würdest.* (S. 52) Bonhoeffer war sich offenbar selbst der besonderen Bedeutung dieser Ausführungen bewusst. In dieser Ausgabe konzentrieren wir uns ganz auf diese Briefe bzw. Briefauszüge, in denen Bonhoeffer einen theologischen Gedankengang entwickelt, und verzichten auf die übrigen biographisch und zeitgeschichtlich bedeutsamen Briefe Bonhoeffers an seine Eltern, seine Verlobte oder seinen Freund.

Am 30. April 1944 beginnt Bonhoeffer einige theologische Erörterungen von besonderer Dichte. Diese Überlegungen werden direkt fortgeführt in den Briefen vom 5.5., 29.5., 8.6., 27.6., 30.6., 8.7., 16.7. und 18.7. Die Briefe nach dem gescheiterten Attentat des 20.7.44 setzen den begonnenen Gedankengang nicht mehr unmittelbar fort. Bonhoeffer scheint alle Energie darauf verwendet zu haben, die ihn theologisch bedrängenden Fragen in einer Abhandlung zu erörtern, die er am 3.8. in einem ersten Entwurf skizziert hat. Am 10. 8. und am 23.8.1944 schreibt Bonhoeffer, dass er nun an diesen drei Kapiteln arbeitet (DBW 8,563; 576). Doch seine Ausführungen sind leider verlorengegangen.

Gleichwohl sind die Briefe vom 21.7., 27.7., 28.7. und 21.8. in diese Ausgabe aufgenommen. In diesen stärker persönlichen Schreiben finden sich wichtige Hinweise zum Verständnis der grundsätzlichen Gedanken der theologischen Briefe. Die Briefauszüge vom 27. und 28. 7. beantworten Fragen von Eberhard Bethge zu den vorangegangenen theologischen Ausführungen. Der Brief vom 21.7. ist eine dichte Verarbeitung des fehlgeschlagenen Attentats vom 20. Juli. Dieser Brief und auch das Schreiben vom 21.8. sind persönliche Schreiben von fundamentaler Bedeutung, die nicht nur Bonhoeffers Frömmigkeit bezeugen, sondern auch wichtige Ergänzungen zu den theologischen Überlegungen bieten.

Am Beginn dieser Ausgabe steht ein kurzer Text, den Bonhoeffer Ende 1942 verfasste und der von Anfang an die Auswahlausgaben von *Widerstand und Ergebung* eröffnet hat. Dieser *Rechenschaftsbericht an der Wende zum Jahr 1943* richtet sich an einen kleinen Kreis von Freunden und Verwandten. Er wird an dieser Stelle mit veröffentlicht, ohne im Titel genannt zu sein, weil er einen wesentlichen Hintergrund von Bonhoeffers theologischen Briefen erhellt, indem er seine Einschätzung des »Dritten Reichs« verdeutlicht.

Die in dieser Zeit verfassten, aber nicht gehaltenen Predigten zur Trauung von Eberhard und Renate Bethge und zur Taufe von Dietrich Bethge haben von Anlass und Inhalt her kaum Bezug zu den theologischen Neuüberlegungen dieser Zeit. Eine Ausnahme bildet ein kurzer Abschnitt der Taufpredigt, der Gedanken aus den gleichzeitigen Briefen eindrücklich zuspitzt und darum hier aufgenommen wurde.

Neben seinen Briefen, einigen Predigten und Arbeitsnotizen verfasste Bonhoeffer in seiner Haftzeit auch eine Reihe von *literarischen Texten* (Gedichte, Roman- und Dramafragmente). Drückt sich in den Drama- und Prosafragmenten der Gefängniszeit vor allem Bonhoeffers Anschluss an seine großbürgerliche Familientradition und an den konservativen Geist des 19. Jahrhunderts aus, so verdichten sich in seinen lyrischen Texten grundlegende Überlegungen der theologischen Briefe. Vier *Gedichte* sollen in dieser Ausgabe als spiritueller Ertrag der theologischen Reflexionen dieser Zeit vorgestellt und kommentiert werden.

2. Zur Geschichte

Den *Rechenschaftsbericht an der Wende zum Jahr 1943* hat Bonhoeffer für einen kleinen Kreis enger Freunde und Verwandte verfasst:

Eberhard Bethge (1909–2000) war nach seinem Theologiestudium einer der ersten Vikare in der von Bonhoeffer geleiteten illegalen Ausbildung der Bekennenden Kirche in Finkenwalde. In den kommenden Jahren wurde er zu Bonhoeffers engstem Freund und Gesprächspartner. Die beiden wohnten zusammen, verbrachten ihre Urlaube gemeinsam, hatten nur ein gemeinsames Konto und machten sogar gemeinsame Geschenke an die Familie. 1943 heiratet Bethge Bonhoeffers Nichte Renate Schleicher.

Hans von Dohnanyi (1902–1945) war ein Schulfreund von Klaus und Dietrich Bonhoeffer. Er heiratetete 1925 Bonhoeffers Zwillingsschwester Christine. Dohnanyi beteiligte sich maßgeblich am Aufbau des auch gewaltbereiten Widerstands gegen Adolf Hitler. Während seiner Mitarbeit in der Abwehr, dem militärischen Geheimdienst der Wehrmacht, beteiligte er sich daran, Juden zur Flucht in die Schweiz zu verhelfen.

Hans Paul Oster (1887–1945), Pfarrerssohn, wurde nach dem Ersten Weltkrieg Berufsoffizier. Zusammen mit Wilhelm Canaris (1887–1945) wurde Oster zu einer der Schlüsselfiguren des Widerstandes in der Abwehr, der u. a. maßgeblich am gescheiterten Attentat auf Hitler am 20.7.1944 beteiligt war.

Die theologischen Briefe sind alle an Bonhoeffers Freund Eberhard Bethge adressiert. Die Gedichte sind ebenfalls weitgehend den Briefen an Bethge beigefügt. Eine Ausnahme ist das Gedicht *Von guten Mächten*. Bonhoeffer hat es kurz vor Weihnachten 1944 verfasst und seiner Verlobten *Maria von Wedemeyer* (1924–1977) und seiner Familie gewidmet.

Bonhoeffers Verlobte *Maria von Wedemeyer* wurde am 23. April 1924 in Pätzig geboren. Ihre Familie, vor allem ihre Großmutter mütterlicherseits Ruth von Kleist-Retzow (1867–1945), unterstützte die Bekennende Kirche und deren illegale Theologenausbildung. Von daher war sie eng verbunden mit Bonhoeffer. Der 13. Januar 1943 gilt als Verlobungsdatum der damals 18-Jährigen mit dem 18 Jahre älteren Bonhoeffer.

Sehr eng waren Dietrich Bonhoeffers familiäre Bande zu seinen Eltern *Paula* (1876–1951) und *Karl Bonhoeffer* (1868–1948). Der Psychiater und Neurologe Karl Bonhoeffer leitete als Ordinarius von 1912–1938 die psychiatrische Klinik der Charité in Berlin. In der großbürgerlichen Familie sorgte vor allem die Mutter für eine christliche Erziehung. Zur traditionellen Kirchlichkeit wahrte man Distanz. Im engen Austausch mit seiner Familie war Dietrich Bonhoeffer genötigt, für das, was ihn innerlich bewegte, eine Sprache zu finden, die auch außerhalb einer kirchlich-theologischen Binnensprache verstanden werden konnte.

In Blick auf den historischen Hintergrund der Texte ist zuerst daran zu erinnern, dass Dietrich Bonhoeffer und sein Schwager Hans von Dohnanyi am 5.4.1943 verhaftet und in das Untersuchungsgefängnis der Wehrmacht in Tegel verbracht wurden. In den ersten vier Monaten seiner Haft durfte Bonhoeffer nur mit seinen engsten Familienangehörigen Briefe austauschen. Als Bonhoeffers engster Freund Eberhard Bethge zum Militärdienst eingezogen wurde und Bonhoeffer zu einem der Wachleute ein Vertrauensverhältnis aufbaute, schrieb er auch seinem Freund (erstmals am 18.11.1943). In ihrem Briefwechsel geben die Freunde einander Anteil an ihrem Ergehen in Familie und Ehe, sie berichten von ihrer Lektüre oder von Begegnungen mit Malerei und Musik. Sie schildern Beobachtungen zu den Menschen und den unmittelbaren Ereignissen in der Haft bzw. in der Armee und lassen einander teilhaben an ihrem geistlichen Leben, der Lektüre der Bibel und der Fürbitte füreinander und für andere Vertraute. Zwischen den Briefen liegen einige Besuche, auf deren Inhalte die Briefe Bezug nehmen, z. B. ein Besuch von Eberhard und Renate Bethge am 19.5.1944 und von Eberhard Bethge am 3.6. 1944. Den tiefsten Einschnitt bedeutete das gescheiterte Attentat auf Adolf Hitler am 20.7.1944. Bonhoeffer gehörte zum erweiterten Kreis der Verschwörung und hatte in der Korrespondenz mehrfach angespielt auf große bevorstehende Ereignisse (DBW 8,422; 429). Ende Oktober 1944 wurde auch Bethge verhaftet. Einige Briefe Bonhoeffers wurden von ihm verbrannt, um nicht entdeckt zu werden. Am 8.10.1944 wurde Bonhoeffer von der Gestapo in den Keller ihrer Zentrale in der Prinz-Albrecht-Straße in Berlin überstellt. Anfang 1945 kam Bonhoeffer in das KZ Buchenwald und schließlich nach Flossenbürg, wo er am 9.4. 1945, wenige Wochen vor Kriegsende, auf Befehl Adolf Hitlers ermordet wurde.

Zur Veröffentlichungsgeschichte ist zu sagen, dass Dietrich Bonhoeffers Gefängnisbriefe erstmals 1951 unter dem Titel *Widerstand und Ergebung. Briefe und Aufzeichnungen aus der Haft* veröffentlicht wurden. Zuvor hatte Bethge 1949 Bonhoeffers *Ethik* herausgegeben. Die Resonanz war vergleichsweise verhalten. *Widerstand und Ergebung* fand hingegen von Anfang an große Aufmerksamkeit, in Deutschland wie auch international. Vollständig wurden die Briefe dieser Zeit (von Bethge und Familienangehörigen) erstmals 1998 in der Gesamtausgabe der Werke Dietrich Bonhoeffers (DBW) herausgegeben. Dieser Ausgabe sind die hier abgedruckten Texte entnommen (vgl. die Quellennachweise im Anhang).

Um die Arbeit mit dieser Ausgabe zu ermöglichen, werden Zitate von Dietrich Bonhoeffer im Kommentar folgenderweise nachgewiesen: Im *Rechenschaftsbericht* wurden die einzelnen Abschnitte durchnummeriert (1–18). Einzelne Aussagen oder Begriffe werden unter Angabe des jeweiligen Abschnitts (R 1 oder R 7) zitiert. Zitate aus den *theologischen Briefen* werden im Kommentar mit dem Datum des Briefes versehen. Bei allen anderen Zitaten aus Dietrich Bonhoeffers Werken werden in Klammern Band und Seitenzahl der Werkausgabe angegeben.

3. Zur Erklärung

Sind die Texte und Briefe Dietrich Bonhoeffers in dieser Ausgabe (von den Gedichten abgesehen) in chronologischer Reihenfolge wiedergegeben, so erfolgt die Auslegung in einer systematischen Anordnung. Zuerst wird der *Rechenschaftsbericht* kommentiert. Der Kommentar zu den theologischen Briefen folgt einem Aufbauschema, das Bonhoeffer in seinem *Entwurf für eine Arbeit* (S. 61 ff.) entwickelt hat (künftig *Entwurf*). Diese Skizze ist für Eberhard Bethge verfasst und setzt die zuvor geschriebenen Briefe voraus. Teilweise führt Bonhoeffer Gedanken weiter aus, die bislang in den Briefen unzureichend erörtert worden waren. In diesem Fall nennt der *Entwurf* nur kurze Überschriften zu den schon vorhandenen Überlegungen. Teilweise wird Wichtiges erneut zusammenfasst und zugespitzt, teilweise werden auch erstmals Fragen berührt, die noch nicht oder kaum angesprochen waren.

Der *Entwurf* sieht drei Kapitel vor: 1. die Aufgabe einer Zeitdeutung, 2. das Ziel einer neuen Wesensbestimmung des Christentums und 3. daraus zu ziehende praktische Konsequenzen für eine künftige Gestalt der Kirche. Diese von Bonhoeffer entwickelte dreiteilige Ordnung stellt bis heute eine überzeugende Gliederung dar, in die sich die Überlegungen der Briefe sinnvoll einfügen lassen. Die einzige größere Abweichung von dieser Ordnung in diesem Kommentar ist die Ergänzung eines Kapitels zu Beginn der Wesensbestimmung des Christentums zur theologiegeschichtlichen Selbsteinordnung Bonhoeffers, ein Thema, das in den Briefen breiten Raum einnimmt.

3.1 Verantwortung in der Zeit des Nationalsozialismus

3.1.1 Aufbau und Überblick

In seinen Briefen an Eberhard Bethge äußert sich Bonhoeffer nur andeutungsweise zu seiner Beurteilung des Nationalsozialismus. Die Gefahr, dass die Briefe in falsche Hände gerieten, war erheblich. Daher hat der für einen engen Kreis von Freunden verfasste *Rechenschaftsbericht* zur Jahreswende 1942/43 grundsätzliche Bedeutung für das Selbstverständnis Bonhoeffers im politischen Widerstand. Aber auch in diesem noch vor seiner Gefangenschaft verfassten Text konnte Bonhoeffer sich nicht völlig frei ausdrücken. Die Möglichkeit einer Entdeckung durch den nationalsozialistischen Apparat stellte in diesen Jahren eine stete Gefahr dar. Gleichwohl reflektiert der Text Erfahrungen und Motive im Widerstand, ohne im Fall einer Enttarnung Belastendes oder Entlarvendes preiszugeben. Über Bonhoeffers Sicht des Nationalsozialismus erfahren wir hier so viel wie in keinem anderen seiner Texte aus den 1940er Jahren. Dass es von Anfang an um den Nationalsozialismus geht, macht die Zeitangabe »zehn Jahre« deutlich: Sie bezieht sich zu Beginn des Jahres 1943 auf die Machtergreifung Hitlers Anfang 1933.

Der Aufbau der einzelnen Aphorismen ist locker, grundsätzlich aber gut nachzuvollziehen: In den ersten beiden Abschnitten (*Nach zehn Jahren, Ohne Boden unter den Füßen*) geht es um eine Situationsbeschreibung: die vertrauensvolle Verbundenheit im Kreis der Verschwörer und die Dankbarkeit dafür, aber auch die Situation äußerster Bedrohung.

Anschließend wird in drei Abschnitten (*Wer hält stand?, Civilcourage?, Vom Erfolg*) die ethische Herausforderung der Gegenwart reflektiert. Verschiedene Grundtypen ethischer Orientierung werden daraufhin befragt, warum ihre Vertreter angesichts des Nationalsozialismus gescheitert sind. Dabei werden sowohl die ethisch-kulturelle Prägung Deutschlands seit Reformation und Idealismus als auch die in der bisherigen Ethik unzureichende Berücksichtigung der Frage des faktischen Erfolgs aller Handlungen erörtert.

Die beiden nächsten Abschnitte (*Von der Dummheit, Menschenverachtung?*) entfalten eine kleine Psychologie der vom Nationalsozialismus in den Bann gezogenen Menschen. Die anschließenden Ausführungen beziehen sich auf Überzeugungen und Tugenden, die Bonhoeffer in dieser Zeit besonders wichtig sind: zunächst grundsätzlich die Zuversicht auf die Tragfähigkeit der von Gott gesetzten Wirklichkeit (*Immanente Gerechtigkeit, Einige Glaubenssätze ...*), sodann tugenddethische Überlegungen zu Haltungen, die es im Widerstand zu gewinnen gilt, wie Vertrauen, Qualitätsgefühl, Mitleiden und die besondere Herausforderung einsamen bzw. unverstandenen Leidens (*Vom Leiden*).

Der Text schließt mit einem Blick auf das zu erwartende künftige Schicksal Deutschlands wie auch des Widerstandes. Unverzichtbar seien eine Haltung der Entsagung im Blick auf die Zukunft (*Gegenwart und Zukunft*), eine in Gott gegründete Zuversicht (*Optimismus*) und schließlich die nüchterne Einstellung auf die Herausforderung des eigenen Todes (*Gefährdung und Tod*). Der letzte Abschnitt *Sind wir noch brauchbar?* lässt sich als Abschluss lesen, in dem die Situationsbestimmung der ersten beiden Abschnitte noch einmal aufgegriffen wird. Den Text *Der Blick von unten* hat Bonhoeffer im Kontext dieser Aufzeichnungen verfasst, aber nicht mit versandt. Es mag sein, dass dieser Abschnitt zu grundsätzlich ausfiel für den Aufbau dieses Textes. Inhaltlich sind die hier formulierten Einsichten aber grundlegend für seine Überzeugungen in diesen Jahren.

Der Kommentar vertieft grundlegende Linien in Bonhoeffers Ausführungen in vier Abschnitten zu 1. Bonhoeffers Analyse des Nationalsozialismus, 2. zum ethischen Versagen angesichts dieser Herausforderung, 3. zur entscheidenden Bedeutung von Verantwortung und Freiheit und 4. zur Praxis eines politischen Widerstands aus christlichem Glauben.

3.1.2 Merkmale des Nationalsozialismus

Dietrich Bonhoeffers Ausführungen lassen keinen Zweifel daran, dass er den Nationalsozialismus uneingeschränkt als eine Gestalt des *Bösen* (R 3) in dieser Welt beurteilt. Wie wenige andere Theologen hat er Adolf Hitler und seine Bewegung von Anfang an abgelehnt und sich im Rahmen seiner jeweiligen Möglichkeiten diesem totalitären Machtanspruch widersetzt. Seine grundlegende Skepsis entwickelt sich sehr schnell zu konsequenter Gegnerschaft.

Zunächst engagiert sich Bonhoeffer im kirchlichen Widerstand, der sich einer Gleichschaltung der Kirche im Blick auf die Leitideen des Faschismus wie z. B. das Führerprinzip entgegenstellt. 1935 beginnt er mit der Leitung des illegalen Predigerseminars der Bekennenden Kirche in Finkenwalde, das nicht den nationalsozialistisch bestimmten Organen der Reichskirche unterstellt ist. Nach Entdeckung und Schließung der Einrichtung durch die Gestapo gestaltet Bonhoeffer noch zwei Jahre lang ein dezentrales Sammelvikariat. Der nahende Krieg aber macht jede weitere Arbeit unmöglich.

Im Sommer 1939 reist Bonhoeffer in die USA und erhält das freundliche Angebot, in den USA zu bleiben und sich damit einer Einberufung als Soldat zu entziehen. Er entscheidet sich jedoch für eine Rückkehr nach Deutschland, da er der Überzeugung ist, nur dann am Wiederaufbau Deutschlands nach dem unausweichlichen Krieg mitarbeiten zu

können, wenn er sich zuvor in Deutschland im Widerstand
engagiert hat. In Bonhoeffers Beschreibung des Nationalsozialismus stechen drei Merkmale besonders hervor: a) seine
prinzipielle Menschenverachtung, b) die permanente Manipulation durch Propaganda und c) die Einschüchterung
durch Terror und Gewalt.

a) Als grundlegendes Prinzip des Nationalsozialismus
kann die *Menschenverachtung* gelten: *mit der Menschenverachtung verfallen wir gerade dem Hauptfehler unserer Gegner* (R 7). Der Nationalsozialismus zielt auf die absolute
Durchsetzung seines ideologischen Herrschaftsanspruchs. Er
bedient sich dabei einer durchgängigen Konstruktion abso-
luter Gegensätze von drinnen und draußen, oben und unten.
So produziert er wesensgemäß die Menge der *Ausgeschalteten, Beargwöhnten, Schlechtbehandelten, Machtlosen, Unterdrückten und Verhöhnten* (R 18).

b) Besonders ausführlich behandelt Bonhoeffer die Bedeutung der Propaganda und die damit verbundene Preis-
gabe einer wahrheitsorientierten Kommunikation. Dabei ist
für die durchgängige Täuschung der Öffentlichkeit eine besondere Raffinesse in Rechnung zu stellen: *daß das Böse in der
Gestalt des Lichts, der Wohltat, des geschichtlich Notwendigen, des sozial Gerechten erscheint, ist für den aus unserer tradierten ethischen Begriffswelt Kommenden schlechthin verwirrend* (R 3). Lange Zeit konnte man der deutschen wie der
internationalen Öffentlichkeit vormachen, dass es dem
neuen Staat lediglich um eine Beseitigung der Ungerechtig-
keiten des Versailler Vertrages ging. Durch seine familiär be-
dingten Kontakte ins Militär wusste Bonhoeffer frühzeitig
von den nationalsozialistischen Kriegsvorbereitungen, während der Öffentlichkeit Friedensliebe und Verständigungs-
bereitschaft vorgespielt wurde. Noch der aggressivste Angriff

auf andere wird als Gegenwehr bzw. als Verteidigung des deutschen Volkes dargestellt.

Der Erfolg der Propaganda war bei den Anhängern des Regimes geradezu atemberaubend: *Gründe verfangen nicht; Tatsachen, die dem eigenen Vorurteil widersprechen, brauchen einfach nicht geglaubt zu werden – in solchen Fällen wird der Dumme sogar kritisch –, und wenn sie unausweichlich sind, können sie einfach als nichtssagende Einzelfälle beiseitegeschoben werden.* (R 6) Im Hintergrund stehen vielfältige schmerzhafte Erfahrungen, die die am Widerstand beteiligten Personen machen mussten. Bei einigen Vertretern der deutschen Militärführung gab es ein klares Bewusstsein dafür, dass die Kriegspläne Hitlers niemals zum langfristigen Erfolg führen könnten. Trotzdem haben sich Generäle immer wieder von Hitler in den Bann ziehen lassen und seinen immer radikaleren Befehlen kaum Widerstand entgegengesetzt. Phänomene öffentlicher Kommunikation, die im 21. Jahrhundert unter dem Stichwort der Postfaktizität diskutiert werden, waren schon für Bonhoeffer wesentliche Merkmale der allgegenwärtigen Propaganda.

Im Abschnitt *Von der Dummheit* fragt Bonhoeffer nach den Möglichkeitsbedingungen der totalitären Machtdurchsetzung. Mit dem Begriff der Dummheit will Bonhoeffer nicht die von der Propaganda Verführten als intellektuell minderbemittelt darstellen. Dummheit ist keine Frage der Intellektualität, sondern des Handelns. Der heutige Leser mag an *Forrest Gump* denken: Dumm ist der, der Dummes tut. Bei seiner Klage über die Dummheit vieler Verführter handelt es sich vielmehr um einen Versuch, die Opfer der Propaganda nicht als böse zu verteufeln. Der Dumme *ist in einem Banne, er ist verblendet* (R 6). Gegenüber solcher Verblendung kommt jede Argumentation immer schon zu spät.

Bei genauerem Zusehen zeigt sich, daß jede starke äußere Machtentfaltung, sei sie politischer oder religiöser Art, einen großen Teil der Menschen mit Dummheit schlägt. (R 6) Man kann hier von einer wechselseitigen Verstärkung von Macht und Dummheit sprechen. Es ist das ausdrückliche Ziel bestimmter Machthaber, Menschen nicht auf *ihre innere Selbständigkeit und Klugheit* (R 6) hin anzusprechen, wenn man sie für bestimmte Ziele gewinnen möchte. Totalitäre Kommunikation will nicht überzeugen, sie will sich durchsetzen. Darum begnügt sie sich so oft mit bloßem Behaupten. Jeder Versuch von Begründungen könnte schon als mögliche Schwäche ausgelegt werden.

Worin besteht die Dummheit? Im Wesentlichen handelt es sich beim Dummen um einen Mangel an innerer Selbständigkeit. *Man spürt es geradezu im Gespräch mit ihm, daß man es gar nicht mit ihm selbst, mit ihm persönlich, sondern mit über ihn mächtig gewordenen Schlagworten, Parolen etc. zu tun hat.* (R 6) Wer in eine regelrechte Hörigkeit gegenüber einer ideologischen Sicht der Wirklichkeit geraten ist, kann durch Gründe nicht mehr angesprochen werden. Aus dem Banne einer solchen Manipulation gelangt man nicht mehr aus eigener Kraft heraus. Es bedarf hier einer inneren Befreiung, die bei den meisten Menschen eine Befreiung aus dem Machtbereich der Verblendung voraussetzt.

c) Die erfolgreiche Kommunikation der Propaganda beruht nicht zuletzt auf der Drohung oder dem Einsatz von gewalttätigen Machtmitteln. Die äußere Machtentfaltung bedient sich der Einschüchterung, der Ausgrenzung, ja schließlich des Terrors. Daher kreist eine Reihe von Ausführungen um die dauernde Gefahr des eigenen Todesgeschicks (R 13, 14, 16). Die Männer des Widerstandes mussten im Falle ihrer Enttarnung mit dem Schlimmsten rechnen.

3.1.3 Eine Typologie des ethischen Versagens

Wie viele Zeitgenossen fragte sich Bonhoeffer: Wie konnte in einer Kulturnation wie Deutschland ein so menschenverachtendes System errichtet werden? Wie war das möglich in einem Land, das stolz zurückblickte auf seine religiösen und philosophischen Traditionen? Wie konnte sich im Land der Dichter und Denker eine totalitäre Diktatur ohne nennenswerten Widerstand durchsetzen? Skizzenhaft (und in Aufnahme eines Abschnitt aus seiner *Ethik*, DBW 6,62 ff.) schildert Bonhoeffer im Abschnitt *Wer hält stand?* (R 3) das Scheitern verschiedener ethischer Grundhaltungen.

Eine erste Gruppe bezeichnet Bonhoeffer als die *Vernünftigen*. Diese Menschen sind angesichts des Aufstiegs des Bösen nicht in der Lage, die Radikalität dieser Erscheinung wahrzunehmen. Grundsätzlich meinen die Vernünftigen, dass jede politische Position wertvolle Anliegen und teilweise berechtigten Ansprüche habe. Die Unfähigkeit, den Nationalsozialismus als eine Ideologie zu durchschauen, die man nur kompromisslos ablehnen kann, macht diese Haltung anfällig – entweder für Resignation oder für Unterwerfung. Die spätere Ohnmacht der aufgeklärten Eliten ist in einer vorangegangenen Unterschätzung des Bösen begründet.

Mit ethischem *Fanatismus* bezeichnet Bonhoeffer eine Gegenposition, die offenbar eine radikale Ablehnung des Nationalsozialismus vertritt, aber nur unzureichend reflektiert, wie dieser Gegner konkret zu bekämpfen ist. Eine blinde Gegenwehr allein vermag das Böse nicht wirksam zu bekämpfen, vor allem nicht, wenn es die große Mehrheit des Volkes hinter sich vereint. Die Schwäche der radikalen Ablehnung liegt in einer unzureichenden Fähigkeit, strategisch durchdachten Widerstand zu organisieren.

Diese beiden Positionen sind sehr grundsätzlich verfasst.

Sie vertreten entweder einen Monismus des Guten, also eine Vorstellungswelt, in der es wirklich Böses gar nicht geben kann, oder einen absoluten Dualismus von Gut und Böse, der sich in radikaler Ablehnung seines Gegners erschöpft, ohne handlungsstrategische Differenzierungen zuzulassen.

Anschließend schildert Bonhoeffer vier Haltungen, die den Nationalsozialismus zwar grundsätzlich ablehnen, aber aus unterschiedlichen Gründen keine effektive Gegenwehr aufbauen können. Auch hier findet sich eine je paarweise Anordnung. Zunächst werden zwei ethische Typen beschrieben, die entschieden an ihrem Gewissen oder an ihrer objektiven Pflicht Maß nehmen wollen und somit eine konsequente ethische Innen- bzw. Außenorientierung darstellen. Im ersten Falle verstricke sich die Absicht, den Prinzipien des eigenen Gewissens unbedingt treu bleiben zu wollen, in nicht aufzulösende Konflikte. Der Wunsch, vor seinem eigenen Gewissen bestehen zu können, begünstige am Ende die Bereitschaft, sich täuschen und verführen zu lassen. Der andere Weg setze auf die Höchstschätzung der jeweiligen Berufs- und Standespflicht. Am Ende müsse jeder Bürger seine Pflicht tun, und der lediglich Pflichtbewusste könne nicht für etwas schuldig gesprochen werden, das er nur in Befolgung seiner Pflichten getan habe. Mit diesem Grundsatz gelänge es vielen, sich von persönlicher Schuld für das eigene Tun und Lassen freizusprechen. Gerade eine solche Einstellung mache jedoch letztlich anfällig für Gehorsam *auch noch dem Teufel gegenüber* (R 3). Diese beiden Positionen kann man als Formen einer innen- bzw. außengeleiteten Gesinnungsethik bezeichnen, die um jeden Preis eigenes Schuldigwerden vermeiden möchten – und gerade so versagen.

Zuletzt erörtert Bonhoeffer zwei Haltungen, die sich um eine ethische Selbstbehauptung in moralischen Konflikten

bemühen. Bei diesen beiden Positionen liegt die klare Einsicht
vor, dass sich der ethisch denkende Mensch den Zwängen des
totalitären Systems eigentlich verweigern müsste. Die erste
Haltung lässt *in das Schlimme willigen, um das Schlimmere zu
verhüten* (R 3). Hier steht Bonhoeffer offenbar eine Bereitschaft
zum politischen, ja gewaltbereiten Widerstand vor Augen, also
ein Weg, der seinem eigenen Handeln am nächsten kommt.
Die Stärke einer solchen Einstellung besteht darin, dass die
Unbeflecktheit des eigenen Gewissens nicht mehr der höchste
Wert ist. Es fragt sich aber, woher ein Mensch mit solcher
Haltung weiß, was wirklich das Schlimmere ist.

Die zweite Haltung vermeidet das öffentliche Eintreten
gegen das Böse und sucht sich in einer privaten Tugendhaftigkeit zu behaupten. Ein solcher Weg führt zu einem konsequenten Rückzug aus der öffentlichen Auseinandersetzung.
Bei Bonhoeffer wird man an seine letzte Reise nach Amerika
im Sommer 1939 denken können, auf der er sich durch den
Aufbau einer gesicherten Existenz im Exil der Frage hätte entziehen können, wie und auf welcher Seite er sich im Kriegs-
fall hätte engagieren müssen. Der Versuch, auf diese Weise
der Gefahr eigenen Schuldigwerdens zu entgehen, ist jedoch
Selbstbetrug. Das herrschende Unrecht wird durch Unterlas-
sung jeglichen Widerstandes bestätigt.

Abschließend werden die sechs Haltungen noch einmal
auf ihr gemeinsames Merkmal hin befragt: Sie alle wissen sich
einem letzten Prinzip verpflichtet. Sie alle suchen eine ver-
lässliche Handlungsorientierung von einem höchsten Gesichtspunkt her, der eine sichere Beurteilung im Einzelfall
ermöglichen soll. Bonhoeffer bestreitet die Möglichkeit eines
letzten Prinzips ethischer Orientierung. Gegenüber solchen
individuellen oder prinzipiellen Ethiktypen mit ihrem Fo-
kus auf der eigenen Gesinnung spricht Bonhoeffer sich für

den Typus einer Verantwortungsethik aus, nur dass auch ein solcher Ansatz nicht zum Prinzip erhoben werden darf. Eine Ethik der verantwortlichen Folgenabschätzung muss zuletzt auch die Möglichkeit eigenen Schuldigwerdens akzeptieren, um überhaupt handlungsfähig zu sein. Die Möglichkeit zu diesem Wagnis sieht Bonhoeffer in der Bindung an Gott begründet und damit in der Einsicht in die Unausweichlichkeit, aber auch in die Ungewissheit aller eigenen ethischen Urteilsfindungen.

Im Abschnitt *Civilcourage?* (R 4) ringt Bonhoeffer um eine Erklärung, warum gerade in Deutschland, einem Land mit großer christlicher und ethischer Tradition, ein so massenhaftes Versagen der Eliten möglich wurde. Dafür setzt er sich kritisch auseinander mit prägenden Traditionen der Ethik in Deutschland. Bonhoeffer sieht den tiefsten Grund für diese Entwicklung in einem unzureichenden Begriff von Freiheit. Wohl hatte Martin Luther die Freiheit eines Christenmenschen stark betont. Auch in Immanuel Kants Ethik ist die Freiheit das grundlegende Prinzip der Selbstgesetzgebung bzw. der vernünftigen Selbstbestimmung. Beide Konzeptionen verbindet, dass Freiheit nicht Willkür bedeutet, sondern nur in konkreter Bindung real ist: im Dienst an der Welt, in vernünftiger Selbstbestimmung im Horizont moralischer Verallgemeinerungsfähigkeit. Diese ethischen Traditionen, die auf eine konkrete Gestaltung der Freiheit in Abgrenzung von Willkür zielen, können einseitig missverstanden werden als Sanktionierung der äußeren Ordnung bzw. der immer schon gegebenen Autorität im Staatswesen. *Es mußte sich herausstellen, daß eine entscheidende Grunderkenntnis dem Deutschen noch fehlte: die von der Notwendigkeit der freien, verantwortlichen Tat auch gegen Beruf und Auftrag.* (R 4) Die deutsche Ethikgeschichte war nicht eingestellt auf eine Perversion der öffentlichen Ordnung insgesamt. Zu einer solchen Deformation der sozialen Bezüge menschlichen Lebens ist es im Nationalsozialismus gekommen, und damit zu einer Situation, die für die bisherige, auf Obrigkeit und Rechtsstaatlichkeit bezogene Tradition undenkbar war. Angesichts dieser Situation hält Bonhoeffer ein vertieftes Verständnis von Freiheit für nötig, was er vor allem am Begriff der Verantwortung festmacht.

3.1.4 Verantwortung

Verantwortung ist der Schlüsselbegriff der im *Rechenschaftsbericht* unternommenen ethischen Überlegungen. Kein Begriff bestimmt die Gedankenführung des Textes so sehr wie dieser. Auf wenigen Seiten verwendet Bonhoeffer den Wortstamm »verantwort-« dreißigmal. Was ist mit dieser Begrifflichkeit gemeint?

Mit diesem Konzept greift Bonhoeffer Einsichten auf, die u. a. der Soziologe Max Weber (1864–1920) prominent vertreten hat. In seinem Vortrag *Politik als Beruf* (1919) führte Weber die Unterscheidung von Gesinnungs- und Verantwortungsethik ein. Eine Gesinnungsethik frage allein nach der Übereinstimmung des Handelns mit ethischen Idealen, unabhängig von den tatsächlichen Konsequenzen. Für den Politiker sei dies nicht genug. Er werde nicht zuletzt an den Folgen seiner Entscheidung gemessen. Er bedürfe einer Verantwortungsethik, die für die tatsächlichen Folgen der eigenen Entscheidungen bürge. Schon für Weber bestand hier kein Gegensatz: Ohne leidenschaftliche Bindung an ethische Ideale wird Politik orientierungslos. Aber echtes politisches Verantwortungsbewusstsein erfordere immer auch nüchternen Wirklichkeitssinn und geduldiges Ringen um das Mögliche. Bonhoeffers Überlegungen lassen sich unschwer als eine Aufnahme solcher Überlegungen erkennen. Mit folgenden Akzenten verleiht Bonhoeffer seinem Begriff von Verantwortung Profil:

a) Verantwortung wurzelt zunächst einmal darin, dass jeder Mensch seine Handlungen selbst bestimmen bzw. sich zuschreiben muss. Mit diesem Sich-für-sein-Tun-verantwortlich-Wissen lebt der Mensch immer schon im sozialen Raum menschlicher Beziehungen. Bonhoeffer legt Wert auf den engen Zusammenhang von Verantwortung und *Antwort*. In Verantwortung ist der Mensch stets bezogen auf andere. Verantwortung gründet in der Einsicht, immer schon in Beziehung zu anderen Menschen zu stehen. Durch die Verbundenheit mit ihnen ist der Mensch angesprochen und zur Antwort gerufen. Verantwortung ist ein dialogischer Begriff.

b) Sodann bedeutet Verantwortung stets *Rechenschaft*. Der verantwortlich Handelnde ist bereit, für sein Tun vor einer äußeren Instanz einzustehen. Das gilt im zwischenmenschlichen Kontext, aber auch grundsätzlich. Der Verantwortliche weiß, dass er mit seinem Leben eine *Antwort auf Gottes Frage und Ruf* (R 3) geben muss. Der Mensch kann und muss sein Leben verantworten, d. h. er muss es beurteilen und beurteilen lassen. An dieser Stelle gewinnt der dialogische Verantwortungsbegriff seine juridische Dimension.

c) Schließlich zielt Verantwortung auf so etwas wie *Fürsorge* für andere. Was Bonhoeffer in seiner *Ethik* ausführlich entfaltet in Auseinandersetzung mit dem Begriff der Stellvertretung, wird in diesem Text nur kurz angedeutet. Der Verantwortliche hat eine Fürsorgeverpflichtung gegenüber anderen. Das gilt nicht zuletzt für die Leidenden und Ausgegrenzten. Es betrifft schließlich auch die Zukunft: *Die letzte verantwortliche Frage ist nicht, wie ich mich heroisch aus der*

*Affäre ziehe, sondern wie eine kommende Generation weiter-
leben soll.* (R 5)

Solche Verantwortung verpflichtet auf eine Haltung
der *Wirklichkeitsgemäßheit.* Der verantwortlich denkende
Mensch kann sich nicht darauf beschränken, seinen Gewis-
sensprinzipien verpflichtet zu sein. Denn im Gewissen bildet
sich letztlich ein inneres Gespräch ab, die eigene Verantwortlichkeit mit sich selbst und vor eigenen Grundsätzen auszu-
loten. Der Charakter der Bindung an andere macht es jedoch
unvermeidlich, nicht nur vor sich selbst für seine Absichten
verantwortlich zu sein, sondern für die tatsächlichen Folgen
des eigenen Handelns einzustehen. Dann aber muss ich die
Wirklichkeit, in die ich gestaltend eingreife, möglichst genau
erfassen. Nur so kann ich wirklich der Situation der anderen
gerecht werden. Ohne Wirklichkeitserkenntnis kann es überhaupt kein ethisch verantwortliches Handeln geben.

d) Zuletzt setzt ein solches Konzept von Verantwortung
ein vertieftes Verständnis von *Freiheit* voraus. Schon in seiner
Ethik hatte Bonhoeffer den Begriff der Verantwortung durch
eine bipolare Struktur erläutert: Verantwortung umfasst auf
der einen Seite die eben benannten Aspekte der Bindung an
Menschen und Gott, auf der anderen Seite aber auch die *Freiheit des eigenen Lebens* (DBW 6,256). Gemeint ist die Erfahrung, dass sich der Mensch nicht der Zumutung entziehen
kann, sich selbst seine eigenen Urteile zuschreiben zu müssen, was zugleich bedeutet, dass jedes eigene Urteil den Charakter des Wagnisses eigener Entscheidungen nie verleugnen
kann. So ist auch im *Rechenschaftsbericht* der Zielgedanke der
Ausführungen die freie *Verantwortlichkeit des freien Mannes* (R 4).

An dieser Stelle arbeitet sich Bonhoeffer an einer grundlegenden Schwierigkeit der christlichen Ethik ab. Wie viele an-

dere Theologen seiner Zeit vertrat Dietrich Bonhoeffer lange
Zeit eine kritische Sicht menschlicher Autonomiebestrebun-
gen. Der Christ ist wohl frei von der Sünde und vom Bösen.
Gegenüber Gott aber ist er zum Gehorsam verpflichtet. Daher
kann es keine Freiheit vom Guten geben. Freiheit gibt es nur
im Guten, d. h. Freiheit ist wesentlich positive Freiheit zu guten Handlungen. Auch in seiner Typologie ethischer Grundhaltungen ist dieses Erbe noch sichtbar, wenn Bonhoeffer
denjenigen kritisiert, der *in eigenster* Freiheit *in der Welt seinen Mann zu stehen* (R 3) sucht. Diesen Menschen warnt Bonhoeffer davor, *daß ihn nicht seine Freiheit zu Fall bringe* (ebd.).

Zugleich machen die weiteren Ausführungen deutlich,
dass eine solche kritische Sicht menschlicher Autonomie
angesichts der Herausforderung durch den Nationalsozialismus an Grenzen stößt. Die Ein- und Unterordnung der
Freiheit in die öffentliche Ordnung einer Gesellschaft ist angesichts der völligen Perversion der gesamten sozialen Le-
bensordnung dazu verurteilt, dem Bösen zu dienen. Auf eine
solche Gefahr des *diabolischen Mißbrauchs* (R 6) aller Ordnungen war eine ethische Tradition nicht eingestellt, die
Freiheit und Gehorsam als zwei Seiten einer Medaille verstand. In dieser Situation bedarf es einer Verantwortungsethik, die der Möglichkeit von ethischen Konflikten nicht
ausweicht. Es mag sein, dass man Schuld auf sich nehmen
muss, um schlimmeren Schaden zu verhüten. Dafür kann es
letztlich keine prinzipielle Rechtfertigung geben. Aus diesem
Grund kann Freiheit nicht nur positiv verstanden werden als
Freiheit zum Gehorsam gegenüber dem Guten bzw. den göttlichen Ordnungen. In konkreten Entscheidungen kann sich
der Christ nicht der Uneindeutigkeit letzter Grenzfragen
entziehen. Er muss sich z.B. fragen, ob er töten darf, um anderes Töten zu beenden, ob er lügen muss, um der Wahrheit

zum Recht zu verhelfen, ob er Verrat üben soll aus Treue zu seinem Land. In diesen Konfliktsituationen ist nicht immer eindeutig, ob ich mit meinem Tun dem Guten diene oder dem, was mir womöglich fälschlicherweise als das geringere Übel erscheint. In solchen konkreten Entscheidungen gilt es, das Wagnis der Freiheit auszuhalten, ohne die eigene Entscheidung schon vorweg als gut rechtfertigen zu können. Ich muss meine Entscheidung treffen im Bewusstsein des Risikos, mich zu täuschen. Solche Entscheidungen sind nicht mehr allgemein zu rechtfertigen oder zu begründen, weder von einem überlegenen Prinzip noch von einer Berechnung der Folgen her. Zuletzt muss der Einzelne ethische Urteile in riskanter Freiheit fällen, ohne durch ein ethisches Kalkül im Voraus absolute Sicherheit zu erlangen.

3.1.5 Christlicher Widerstand?!

In seiner Bereitschaft zum Widerstand gegen das Dritte Reich war der Kreis der Verschwörer zur Einsicht gelangt, ohne Tötung Adolf Hitlers das millionenfache Leiden und Sterben dieser Jahre nicht stoppen zu können. In dieser Konfliktlage sah Bonhoeffer sich *im Glauben und in alleiniger Bindung an Gott zu gehorsamer und verantwortlicher Tat gerufen* (R 3).

Im Abschnitt *Immanente Gerechtigkeit* (R 8) macht Bonhoeffer deutlich, dass die Maßstäbe christlicher Gebote eine grundlegende Orientierungsfunktion haben, die man niemals leichtfertig ignorieren sollte. Aber umgekehrt gilt auch: Es ist im geschichtlichen Handeln unvermeidbar, dass die Grenzziehungen ethischer Gesetze bisweilen überschritten werden müssen. Dabei wäre es fatal, Lügen, Verrat, Gewalt etc. grundsätzlich als legitim zu bezeichnen, solange solches Handeln positive Folgen habe. Eine solche prinzipielle Relativierung von Werten nimmt z. B. auch der Nationalsozialismus vor, der die Selbstbehauptung des eigenen Volkes als ein Anliegen betont, das grundsätzlich die Beiseitesetzung aller anderen Normen erlaubt. Für Bonhoeffer kann ein solches Verhalten langfristig nicht dem Wohl des Gemeinwesens dienen, dessen Interessen durchgesetzt werden sollen.

Auf der anderen Seite gibt es geschichtliche Situationen, in denen Grenzüberschreitungen im Sinne unvermeidlicher Schuld (R 8) nötig sein können. So verstand Bonhoeffer auch den gemeinsamen Widerstand, den aktiven Versuch, diese Staatsführung zur Not mit illegalen und gewalttätigen Maßnahmen zu schwächen, zu sabotieren oder zu beseitigen. Bei Bonhoeffer begann Ende der 1930er Jahre eine neue Phase, die nicht mehr nur als Ablehnung des Nationalsozialismus, sondern als Widerstand gegen das Regime bezeichnet werden muss. Über seinen Schwager Hans von Dohnanyi kam Bonhoeffer in Kontakt mit unterschiedlichen Gruppen, die die Beseitigung des Hitlerregimes anstrebten. Nach seiner Rückkehr aus den USA ließ sich Bonhoeffer zunächst zur Mitarbeit in der Abwehr des Heeres anwerben, um einer Einziehung zum Wehrdienst zu entgehen. Auf verschiedenen Reisen nach Schweden, in die Schweiz oder nach Italien nutzte Bonhoeffer seine ökumenischen Verbindungen, um für den Widerstand Kontakte mit den Alliierten herzustellen. Der Auftrag lautete, die Alliierten von der Existenz eines deutschen Widerstandes zu überzeugen, die grundsätzliche Bereitschaft zu einer Beseitigung Hitlers mitzuteilen und nach Möglichkeit eine Zusicherung der Alliierten zu erhalten, im Falle eines erfolgreichen Attentats als Verhandlungspartner akzeptiert zu werden. Allen Beteiligten war klar, dass z. B. der Verrat militärischer Geheimnisse an die Alliierten dazu führen konnte, deutsche Soldaten zu gefährden. Attentate auf Adolf Hitler wurden geplant im vollen Bewusstsein, dass nicht nur dieser selbst, sondern auch Menschen aus seiner unmittelbaren Umgebung zu Tode kämen.

Als Agent der Abwehr wurde Bonhoeffer der Umgang mit Täuschung, Lüge und Heuchelei alltäglich: *Wir sind stumme Zeugen böser Taten gewesen, wir sind mit vielen Wassern gewaschen, wir haben die Künste der Verstellung und der mehrdeutigen Rede gelernt, wir sind durch Erfahrung mißtrauisch gegen die Menschen geworden und mußten ihnen die Wahrheit und das freie Wort oft schuldig bleiben, wir sind durch unerträgliche Konflikte mürbe oder vielleicht sogar zynisch geworden* (R 17). In seine Tagebücher über Reisen ins Ausland fügt Bonhoeffer abfällige Äußerungen über andere Nationen ein, er unterschreibt seine Briefe wie selbstverständlich mit dem »deutschen« Gruß »Heil Hitler« und schützt eine starke Identifikation mit seinem Vaterland gerade in Kriegszeiten vor. Sein Engagement für die Bekennende Kirche wird als rein theologisch begründete, innerkirchliche Angelegenheit heruntergespielt.

Der Plan eines gewalttätigen Widerstands gegen die Staatsgewalt war für Bonhoeffer kein naheliegender oder unproblematischer Gedanke. In den frühen 1930er Jahren gehörte Bonhoeffer noch zu den Theologen, die das Wort der Kirche strikt am Ideal der Gewaltlosigkeit im Sinne der Bergpredigt ausrichten wollten. Auch in den Kreisen der Gegner des Dritten Reichs wollten sich viele christlich geprägte Menschen nicht auf gewaltsame Aktionen einlassen. Ein Beispiel für eine solche Haltung finden wir z. B. in dem ebenfalls von den Nationalsozialisten ermordeten Helmuth James Graf von Moltke (1907–1945). Bonhoeffer hat sich mit ihm auf einer Reise nach Schweden 1942 über diese Frage ausgetauscht.

Angesichts der zunehmenden Erfahrungen eines staatlich sanktionierten Unrechts veränderte Bonhoeffer seine ursprünglich pazifistische Auffassung. Schon 1933 konnte er einprägsam formulieren: *Wenn die Kirche den Staat ein Zuviel oder ein Zuwenig an Ordnung und Recht ausüben sieht, kommt sie in die Lage, nicht nur die Opfer unter dem Rad zu verbinden, sondern dem Rad selbst in die Speichen zu fallen.* (DBW 12,353) In einer Situation permanenten Rechtsbruchs kann der Christ nicht in erster Linie mit der Reinhaltung seines Gewissens beschäftigt sein. Er muss Verantwortung übernehmen. Zugleich ist klar, dass sich Bonhoeffer des Außerordentlichen dieser Situation bewusst ist. Es geht um eine absolute Grenzüberschreitung, die nur in einer solchen Ausnahmesituation erwogen werden kann.

Diese Entscheidung Bonhoeffers ist nicht ohne ihren christlichen Hintergrund verständlich. In bekenntnismäßigen Sätzen betont Bonhoeffer den Glauben an die Führung Gottes inmitten der Ereignisse dieser Welt. In aller irdischen Unübersichtlichkeit bleibt Gott allein der *Herr der Geschichte* (R 12). Diese Zuversicht auf die Führung Gottes erweist sich als fundamental in einer Zeit, in der sich viele andere Grundlagen des Lebens auflösen. Seine grundlegenden Überzeugungen formuliert Bonhoeffer als Glaubenssätze, die jeweils mit den Worten *Ich glaube ...* (R 9) eingeleitet werden. Diese Sätze stehen in der Mitte des *Rechenschaftsberichts*. Dort formuliert Bonhoeffer vier grundlegende Bekenntnissätze über das *Walten Gottes in der Geschichte* (ebd.). Grundlegende Bedeutung haben die ersten beiden Sätze, die im direkten Anschluss an die Bibelverse Gen 50,20 und Röm 8,28 formuliert sind. Gott bleibt aller Macht des Bösen zum Trotz Herr der Geschichte, der aus Bösem Gutes hervorgehen lassen kann wie in der Josephsgeschichte, und beruft gleichzeitig Menschen, die in allen Widerfahrnissen vertrauensvoll auf die paulinische Verheißung setzen, dass ihnen alle Dinge zum

Besten dienen werden. Die drei anschließenden Sätze handeln von der Widerstandskraft solcher Menschen, ihrer möglichen Schuld und ihrer Berufung zu Gebet und Handeln. Das Bekenntnis zur Souveränität Gottes macht menschliches Handeln nicht überflüssig, sondern notwendig. Gott will durch Menschen handeln, die nach seinem Willen fragen. Was diese Menschen dringend brauchen, ist das Vertrauen auf Gottes Führung – gerade angesichts aller Ungewissheit. Dieses Vertrauen schließt die Bereitschaft ein, möglicherweise schuldig zu werden, in der festen Zuversicht, auch als Sünder immer schon von der Liebe Gottes umfangen zu sein.

Ist es in dieser Hinsicht der Glaube an die Führung Gottes, unter der alle Angst vor der Zukunft erträglich wird, so ist es andererseits die Liebe, die zum bestimmenden Handlungsmotiv wird. *Das einzig fruchtbare Verhältnis zu den Menschen – gerade zu den Schwachen – ist Liebe, d. h. der Wille, mit ihnen Gemeinschaft zu halten. Gott selbst hat die Menschen nicht verachtet, sondern ist Mensch geworden um der Menschen willen.* (R 7) Das Entscheidende ist für Bonhoeffer die Orientierung an Jesus Christus. Regelwerke können in einer solchen Situation keine Orientierung stiften. Weder naturrechtliche noch biblizistische Ethiktypen sind auf alle denkbaren Herausforderungen eingestellt. Die Gestalt Christi ist das entscheidende Kriterium des verantwortlichen Handelns. *Tatenloses Abwarten und stumpfes Zuschauen sind keine christlichen Haltungen. Den Christen rufen nicht erst die Erfahrungen am eigenen Leibe, sondern die Erfahrungen am Leibe der Brüder, um derentwillen Christus gelitten hat, zur Tat und zum Mitleiden.* (R 12)

Es ist für das Denken Dietrich Bonhoeffers in jener Zeit wesentlich, dass er unter den Brüdern der Christen ausdrücklich auch die Juden mitgemeint sah (vgl. in seiner *Ethik* DBW 6,95.130). Nicht zuletzt ihre Vernichtung, um die Bonhoeffer durch seine Kontakte zum Militär besser Bescheid wusste als die meisten anderen Zeitgenossen, ließ ihn gewaltsamen Widerstand gegen Hitler für notwendig halten. Zugleich war er nicht bereit, sich selbst und anderen im Voraus einen Freispruch von aller Schuld zuzusprechen. Wieder ist der Blick auf Jesus Christus die Grundlage dafür, auch die Möglichkeit des Schuldigwerdens in der Gewissheit göttlicher Vergebungsbereitschaft auf sich zu nehmen.

Die Erfahrung totalitärer Unterdrückung ist für Bonhoeffer in diesen Jahren der entscheidende Anstoß, die Bedeutung des Freiheitsgedankens in neuer Weise zu betonen. Angesichts der durchgreifenden Entmündigung durch die nationalsozialistische Propaganda findet Bonhoeffer einen neuen Zugang zur aufgeklärten Wertschätzung menschlicher Mündigkeit und Autonomie. Die Anfälligkeit vieler Deutscher für Anpassung und blinden Gehorsam lässt Bonhoeffer die deutsche Geistesgeschichte insgesamt noch einmal neu bewerten. Wir werden sehen, wie die theologischen Briefe von dieser neu gewonnenen Würdigung der Freiheit her auch insgesamt zu einem theologischen Neuansatz finden.

3.2 Bestandsaufnahme des Christentums

Die theologischen Briefe Dietrich Bonhoeffers wurden in einem Zeitraum von wenigen Monaten verfasst. In grundlegender Weise fragt Bonhoeffer darin sowohl nach der Zukunft des christlichen Glaubens als auch nach dem Beitrag, den Theologie und Kirche in dieser Umbruchsituation leisten können und müssen. Es ist auffällig, dass Bonhoeffer in diesen Briefen so gut wie gar nicht vom nationalsozialistischen Regime redet, was sicher erheblich mit der Gefahr zu tun hat, dass die Briefe entdeckt werden und Schreiber und Empfänger verraten könnten.

In seinem *Entwurf für eine Arbeit* aus dem August 1944 nennt Bonhoeffer das erste Thema der Bestandsaufnahme der Gegenwart: *Das Mündigwerden des Menschen (wie schon angedeutet)*. Die im *Entwurf* folgenden Sätze fassen das bisher Geschriebene nicht zusammen, sondern ergänzen es. Wir folgen daher zunächst den Briefen (vor allem vom 8.6. und 16.7.) und ihren Überlegungen zur geistigen Situation der Zeit, bevor wir mit den Ausführungen im *Entwurf* schließen.

3.2.1 Das Mündigwerden des Menschen

Die Ausgangsfrage der theologischen Briefe lautet, wer Jesus Christus *heute* für uns ist (30.4.). Das Verständnis der eigenen Gegenwart ist in diesen Monaten für Bonhoeffer entscheidend. Seine Zeitdeutung macht sich vor allem an zwei Grundbegriffen fest: Mündigkeit und Religionslosigkeit.

Bonhoeffers Quellen: Im Gefängnis hat sich Bonhoeffer intensiv mit der Geschichte des 19. Jahrhunderts und darüber hinaus mit der Entstehung der neuzeitlichen Situation insgesamt beschäftigt. Die Bonhoefferforschung hat in den letzten Jahrzehnten einige Quellen zusammengetragen, die sein Verständnis besonders beeinflusst haben. Besondere Bedeutung gewannen in der Tegeler Zeit die geistesgeschichtlichen Studien von Wilhelm Dilthey (1833–1911), einem der einflussreichsten Vertreter der Lebensphilosophie. Einen verstärkenden Einfluss besaß ein anderer philosophischer Vertreter dieser Richtung, der spanische Philosoph José Ortega y Gasset (1883–1955). Anregende Deutungen der eigenen Gegenwart fand Bonhoeffer in Karl Jaspers (1883–1969) *Die geistige Situation der Zeit* (1931). Bestätigt fand Bonhoeffer seine Sicht der neuzeitlichen Geistesgeschichte durch Carl Friedrich von Weizsäckers (1912–2007) Schrift *Zum Weltbild der Physik* (1943). Im Blick auf alle genannten Anregungen ist zu sagen: Bonhoeffer verwendet die Darstellungen dieser Autoren in großer Selbstständigkeit und entwickelt seine eigene theologisch verarbeitete Sicht der Geschichte.

Ein Schlüsselbegriff seiner Zeitdeutung ist die positive Betonung der Mündigkeit der modernen Welt. Was ist mit der *mündig gewordenen Welt* (8.6.) gemeint? Dabei sind mehrere Aspekte zu unterscheiden.

Zunächst beschreibt Bonhoeffer im Anschluss an klassische Darstellungen der neuzeitlichen Geistesgeschichte den Prozess der *Ausdifferenzierung* verschiedener Lebenssphären wie Wissenschaft, Staat, Kunst, Ethik und Religion. Diese verschiedenen Lebensbereiche, die in traditionellen Kulturen oft untrennbar ineinanderliegen, entwickeln sich zunehmend auseinander. Sie werden auch nicht mehr von einer höchsten Warte aus kontrolliert, weder von der Kirche noch vom Staat.

Eine solche Verselbstständigung könnte noch immer in einen hierarchischen Aufbau der geistigen Welt eingebunden sein, so dass alle Bereiche abhängig blieben von einer übergeordneten Dimension der Weltanschauung, traditionellerweise der Religion. Aber diese Lebenssphären werden nicht nur immer unabhängiger voneinander, sie folgen auch immer konsequenter ihren eigenen Gesetzen. Für diesen Prozess der *Autonomisierung* verweist Bonhoeffer mehrfach auf die berühmte Formel von Hugo Grotius (1583–1645), der sich inmitten der konfessionellen Kriege Europas um ein Völkerrecht bemühte, das Gültigkeit besitzen solle *etsi deus non daretur*: auch wenn es Gott nicht gäbe (16.7.). Was in den politischen Verwerfungen des alten Europa schlicht eine Überlebensbedingung jenseits der konfessionellen Gegensätze darstellte, wurde später vielfach als griffige Formel empfunden für die Unabhängigkeit einzelner Lebensbereiche von der Bestimmungsmacht der christlichen Kirchen. Diese Verselbst-

ständigung wurde vor allem als Befreiung von der Vormund-
schaft der christlichen Religion empfunden.

Die Begriffe Mündigkeit und Autonomie werden in den
Briefen bedeutungsgleich verwandt (8.6., 16.7.). Die lange Zeit
auch von Bonhoeffer vertretene kritische Sicht des Autono-
miebegriffs mag dazu geführt haben, dass Mündigkeit an
entscheidenden Stellen bevorzugt wird. In einer langen Tradition der kulturkritischen Gegenwartswahrnehmung wurden die revolutionären Umwälzungen der Neuzeit als Auflösung geheiligter Ordnungen empfunden. In den theologischen Briefen der Tegeler Zeit liegt ein bedeutender Umbruch
darin, dass Bonhoeffer dieses Konzept der Mündigkeit nun als
zentrales Merkmal der Neuzeit wahrnimmt und jede kritische Verurteilung ausdrücklich ablehnt.

Der Begriff der Mündigkeit erinnert an Immanuel Kants
berühmte Antwort auf die Frage nach dem Wesen der Aufklärung, die er als *Ausgang des Menschen aus seiner selbstver-
schuldeten Unmündigkeit* bezeichnete. Insofern ist es die Rehabilitation eines klassischen Begriffs der Aufklärung, wenn
Bonhoeffer sich die Anerkennung menschlicher Mündigkeit
zu eigen macht. Er bekennt sich auch zu einer geschichtsphi-
losophischen Sicht, nach der es sich dabei um eine epochale
Entwicklung der Menschheitsgeschichte handele, die man
nicht einfach rückgängig machen könne.

Aus seiner Lektüre von Carl Friedrich von Weizsäckers
Buch *Zum Weltbild der Physik* (1943) übernimmt Bonhoeffer
die Formulierung von Gott als überflüssiger Arbeitshypothese: *Der Mensch hat gelernt, in allen wichtigen Fragen mit
sich selbst fertig zu werden ohne Zuhilfenahme der »Arbeitshypothese Gott«* (8.6.). In seiner Darstellung der modernen
Physik kommt von Weizsäcker auf das Gespräch des französischen Physikers Laplace mit Napoleon zu sprechen. Auf die

Frage, wo in seinem Weltbild Gott bleibe, antwortete der Wissenschaftler, diese Hypothese nicht mehr zu benötigen. Von Weizsäcker würdigt die grundsätzliche Notwendigkeit dieser Haltung für jede Wissenschaft.

Für Bonhoeffer ist diese Episode aus der Geschichte der Naturwissenschaft eine prägnante Parallele zu Grotius' Formulierung *etsi deus non daretur*. Im Brief vom 16.7. wird der Gedanke der überflüssigen Arbeitshypothese Gott zu einer griffigen Deutung der Situation des Christentums in der Neuzeit. Offenkundig war der Verzicht auf Gott als Teil politischer oder natürlicher Ordnung nicht nur wissenschaftlich erfolgreich, weil so schlüssigere Welterklärungen entworfen werden konnten. Der Verzicht auf Gott als Lückenbüßer schmälert auch nicht nur nicht seine Ehre, sondern stellt seine Transzendenz erst wahrhaft heraus.

Bonhoeffer hält es für ein grundsätzliches Missverständnis christlicher Apologetik, Gott gewissermaßen als einen notwendigen Teil der Welt behaupten zu wollen, ohne den vieles unerklärlich oder unbegründet bleibt. Dadurch wird nicht nur wissenschaftliche Weltaufklärung behindert, man verfehlt so auch den Charakter göttlicher Transzendenz. Daher fordert Bonhoeffer, *daß man die Mündigkeit der Welt und des Menschen einfach anerkennt* (8.7.). Dann läuft die neuzeitliche Entwicklung gerade nicht auf eine Beseitigung des christlichen Transzendenzbezuges hinaus, vielmehr ist es umgekehrt so, *daß die beschriebene Entwicklung zur Mündigkeit der Welt, durch die mit einer falschen Gottesvorstellung aufgeräumt wird, den Blick freimacht für den Gott der Bibel* (16.7.).

Warum kommt es in der Einschätzung der Neuzeit zu einer solchen Neubewertung? Zunächst muss man bei Bonhoeffers grundsätzlicher Anerkennung der Neuzeit aus heutiger Sicht von einer nachholenden Modernisierung seiner Theologie sprechen. Bonhoeffer ist sich bewusst, dass liberale Theologen wie Ernst Troeltsch und Adolf von Harnack schon deutlich früher eine grundlegende Bejahung der neuzeitlichen Entwicklung der Geschichte gefordert und vollzogen haben. Im Vergleich mit dem *Rechenschaftsbericht* zeigt sich, dass Bonhoeffer mit seiner neuen Wertschätzung von Autonomie und Mündigkeit wiederum die neuzeitlichen Tugenden der Freiheit und der Verantwortung betont, die er angesichts der nationalsozialistischen Bedrohung in ethischem Zusammenhang neu schätzen lernte. Die ethischen Einsichten des Rechenschaftsberichts werden nun theologisch generalisiert.

Diese Anerkennung der neuzeitlichen Entwicklung bezeichnet Bonhoeffer als eine Frage der intellektuellen Redlichkeit. Schon in seiner *Ethik* konnte Bonhoeffer im noch überwiegend kulturkritischen Kapitel *Erbe und Verfall* (DBW 6, 93–124) formulieren: *Intellektuelle Redlichkeit in allen Dingen, auch in den Fragen des Glaubens, war das hohe Gut der befreiten ratio und gehört seitdem zu den unaufgebbaren sittlichen Forderungen des abendländischen Menschen.* (DBW 6, 106) Damit bekennt sich Bonhoeffer eindeutig zum Erbe der Aufklärung: *Hinter Lessing und Lichtenberg können wir nicht mehr zurück* (ebd.). In den theologischen Briefen wird dieser Prozess der positiven Bewertung der Aufklärung fortgeführt.

Gleichzeitig muss man auch für diese Phase betonen, dass die Anerkennung der Neuzeit nicht undifferenziert und pauschal geschieht. Im *Entwurf* betont Bonhoeffer stärker die Ambivalenz der neuzeitlichen Umwälzungen. Als treibende Kraft der modernen Entwicklung beschreibt er das Streben nach Sicherung gegenüber der Natur bzw. dem Schicksal, exemplarisch veranschaulicht im Versicherungswesen, grund-

sätzlich verankert in der Entwicklung immer größerer Organisationen. Nun ist die Menschheit in einem Stadium an-
gelangt, in dem ihr aus den Organisationen eine Bedrohung
erwächst. Offensichtlich sieht Bonhoeffer den Nationalsozialismus auch als Krisensymptom der neuzeitlichen Massenge-
sellschaft. In dieser krisenhaften Entwicklung mahnt der
Entwurf zu einer stärkeren Besinnung auf den Menschen in
seiner unvertretbaren Verantwortlichkeit: *Der Mensch wird*
wieder auf sich selbst verwiesen. Mit allem ist er fertiggewor-
den, nur nicht mit sich selbst. Gegen alles kann er sich versi-
chern, nur nicht gegen den Menschen. Zuletzt kommt es doch
auf den Menschen an.

Exkurs: Bonhoeffer als Zeitgenosse?

Nach dem Zweiten Weltkrieg wurde Bonhoeffer von vielen
programmatisch als Zeitgenosse der Moderne entdeckt, der
der evangelischen Theologie und Kirche eine Hilfe bei ihrer
eigenen Bewältigung der Gegenwart sein könne. Seine Bereitschaft zum politischen Engagement und seine Wertschätzung der Aufklärung empfahlen ihn als Modernisierungshel-
fer eines neuen kirchlichen Aufbruchs.

In dem Maße, in dem sich der Widerstand gegen Hitler
insgesamt kritische Fragen nach seiner nationalkonservati-
ven Haltung gefallen lassen musste, wurde auch Bonhoeffer
zunehmend skeptischer betrachtet. Wie viele seiner Freunde
dachte Bonhoeffer nicht an eine baldige Rückkehr zur Demo-
kratie. Er favorisierte eher einen von einer elitären Schicht ge-
führten Obrigkeitsstaat und zeigte wenig Verständnis für
Pluralität und liberale Freiheitsrechte des Einzelnen. Überhaupt zeigen seine Briefe, dass Bonhoeffer so gut wie keinen
Zugang zur Literatur und Kunst seiner Zeit fand. Er vertiefte
sich in Autoren des 19. Jahrhunderts wie Jeremias Gotthelf

(1797–1854) und Adalbert Stifter (1805–1868). Wenn Bonhoeffer 1943 schreibt, dass in der Literatur der letzten ca. 15 Jahre nichts Bemerkenswertes zu verzeichnen sei (DBW 8,214), reden wir von Autoren wie Alfred Döblin, Robert Musil, Bertolt Brecht und Thomas Mann. Auch zu Franz Kafka oder gar Rainer Maria Rilke fand Bonhoeffer keinen Zugang. Obwohl seine Verlobte ihm Rilke nachdrücklich ans Herz legte, empfand Bonhoeffer ihn als *ausgesprochen ungesund* (DBW 8,214). Ähnliches könnte man sagen zu seinem Verhältnis zur modernen Malerei und Musik.

Es ist daher kein Wunder, dass Bonhoeffer auch für solche Theologen anziehend ist, die man in den USA der religiösen Rechten zurechnet und die seine dem 19. Jahrhundert verbundenen Ideale von Familie, Ordnung und Tradition ungebrochen teilen. Bonhoeffer ist in wesentlichen Fragen gerade kein Zeitgenosse der Moderne, sondern ein zutiefst traditionsorientierter Vertreter des konservativen Bildungsbürgertums. Genauer kann man sagen: Alle Merkmale, die wir heute mit der klassischen Moderne seit der Jahrhundertwende verbinden, sah Bonhoeffer skeptisch: Emanzipation der Frau, Demokratisierung, Urbanisierung, moderne Medien und Gleichheitsideale. Kritisch gegenüber allen Strömungen, die mit den Katastrophen der letzten Jahrzehnte irgendwie gleichzeitig existierten, orientiert er sich vielmehr an einem idealisierenden Bild des bürgerlichen 19. Jahrhunderts. Zu dieser Epoche gehören für ihn allerdings auch die Aufklärung und ihre Freisetzung der Vernunft und menschlicher Individualität. Wertschätzung dieser bürgerlichen Neuzeit und Skepsis gegenüber der beschleunigten Moderne kennzeichnen Bonhoeffers spannungsvolle Zeitgenossenschaft.

In der Zusammenschau mit seinem *Rechenschaftsbericht* zeigt sich, dass seine zunehmende Aufwertung der Neuzeit in der Erfahrung wurzelt, dass die traditionellen Freiheitskonzepte des Konservatismus nicht in der Lage waren, der radikalen Zerstörung aller überlieferten Formen von Autorität und Gehorsam im Dritten Reich in letzter Verantwortlichkeit zu begegnen. Konservativer Antiliberalismus verhinderte konsequenten Widerstand. Bonhoeffers auch geistesgeschichtlich durchbuchstabierte Rehabilitation der Neuzeit führt jedoch nicht zu einer unkritischen Anerkennung. So notwendig dieser Prozess auch ist und so sehr er den Menschen zu einer Befreiung der Vernunft und zu Verantwortlichkeit führt, so sehr bringt dieser Prozess auch Gefährdungen mit sich, wie Bonhoeffer mit seinem Verweis auf technische Massenorganisationen zu belegen sucht. Nach wie vor ist Bonhoeffer davon überzeugt, dass die Neuzeit besser verstanden werden müsse, als sie sich selbst versteht – vom Evangelium von Jesus Christus her. Dann aber ist es zuvor unumgänglich, die Entwicklung des Christentums im Zeitalter des Mündigwerdens der westlichen Welt zu reflektieren.

3.2.2 Die Religionslosigkeit des mündig gewordenen Menschen

Schließt sich Bonhoeffer in der Beschreibung des Weges zur Mündigkeit sehr deutlich an klassische Darstellungen des Geschichtsverlaufs an – wie etwa an die Wilhelm Diltheys –, so ist die Deutung dieses Prozesses als eine zunehmende Auflösung der klassischen Gestalt von Religion hingegen sein spezifisch theologischer Beitrag zu dieser Frage.

Bonhoeffers Äußerungen zur Religion sind reichlich komplex und darum leicht anfällig für Missverständnisse. Bonhoeffer nennt zunächst einige empirische Beobachtungen in seiner unmittelbaren Lebenswelt. *Wir gehen einer völlig religionslosen Zeit entgegen; die Menschen können einfach, so*

103

wie sie nun einmal sind, nicht mehr religiös sein. (30.4.) Er beobachtet in seiner Umgebung, *daß dieser Krieg im Unterschied zu allen bisherigen eine »religiöse« Reaktion nicht hervorruft.* (30.4.) Diesen weitgehenden Verlust des Religiösen sieht Bonhoeffer auch dann gegeben, wenn man einen erweiterten Begriff von Religion verwendet. Im Anschluss an das 1. Gebot war es üblich zu sagen, wer nicht den Gott der Bibel verehre, dessen Herz hänge sich an andere Götzen, religiös sei der Mensch allemal. Auch eine solche Sicht hält Bonhoeffer nicht mehr für plausibel: *Götzendienst setzt voraus, daß Menschen überhaupt noch etwas anbeten. Wir beten aber gar nichts mehr an, nicht einmal Götzen. Darin sind wir wirklich Nihilisten.* (27.6.) Solche Äußerungen lassen sich einer verbreiteten Wahrnehmung eines Säkularisationsprozesses zuordnen, einem Verlust der kirchlich-religiösen Bindungen, der mit der Entwicklung der Moderne verbunden ist. Bald aber wird deutlich, dass es Bonhoeffer um mehr geht. Seine Diagnose der Religionslosigkeit lässt sich nur von einem besonderen Religionsbegriff her, den Bonhoeffer in der Tegeler Zeit entwickelte, verstehen.

Wesentlicher Hintergrund ist zunächst die Kritik des Religionsbegriffs, wie sie vom evangelischen Theologen *Karl Barth* (1886–1968) entwickelt wurde (vgl. 3.3.1). Bonhoeffer erklärt es zum großen Verdienst Barths, als erster Theologe mit einer prinzipiellen *Kritik der Religion* (5.5.) begonnen zu haben. In seiner Kommentierung des Römerbriefs (1919/22) hatte Barth die vor dem Ersten Weltkrieg verbreitete Synthese von Christentum und europäischer Kultur radikal in Frage gestellt. Die verheerende Inanspruchnahme Gottes zur Legitimation des eigenen Kämpfens auf Seiten aller Kriegsteilnehmer sah Barth als Diskreditierung jeder engen Verbindung der Religion mit ihrer Umgebungskultur. Gott verhält sich gegenüber allem Menschlichen als der ganz Andere. Das gilt nicht nur für die menschliche Kultur, sondern auch für alle menschliche Religion, auch die christliche. Theologie, die von der Selbsterschließung Gottes in seiner Offenbarung her denken möchte, kann nur als Religionskritik betrieben werden.

Von diesem theologischen Neuansatz ist Bonhoeffer in hohem Maße überzeugt. Zugleich betont er, dass Barth in seinen Augen nur einen Anfang gemacht habe. Am Ende sei auch Barth davon überzeugt, dass man das Christentum als wahre Religion betrachten könne. Bonhoeffer geht an dieser Stelle insofern kritisch über Barth hinaus, als er christlichen Glauben und Religion für prinzipiell unvereinbar erklärt.

Was ist Religion? Bonhoeffer versteht darunter zunächst eine bestimmte Art, das Leben zu deuten bzw. zu interpretieren: *Es heißt m. E. einerseits metaphysisch, andererseits individualistisch reden.* (5.5.) Diese Deutungsmuster werden aber weder der Bibel noch dem heutigen Menschen gerecht. Darum ist der Verlust der Religion in diesem Sinne für Bonhoeffer kein Krisensymptom, sondern eine Chance. Denn bislang war das Christentum als Religion geprägt von den zwei *zeitbedingten Voraussetzungen der Metaphysik* und *der Innerlichkeit* (30.4.). Metaphysik und Innerlichkeit (bzw. Individualismus) sind die beiden grundlegenden Merkmale der Religion, die Bonhoeffer im Weiteren durch zusätzliche Begriffe kritisch entfaltet. Was aber meint Bonhoeffer mit diesen Begriffen?

a) *Religion als Metaphysik*: Unter Metaphysik verstand man seit der griechischen Antike die Wissenschaft von den höchsten Prinzipien und Strukturen des Daseins. Das Christentum betrieb in seiner altkirchlichen und mittelalterlichen Phase eine selbstverständliche Synthese zwischen religiösem Gottesglauben und philosophischem Seinsdenken. Im Prozess der neuzeitlichen Umwälzung des Denkens seit dem 17. Jahrhundert wurde die einst für selbstverständlich gehaltene Reflexion auf das Ewige und Unbedingte zunehmend in Frage gestellt. In seiner Dilthey-Lektüre hat sich Bonhoeffer einmal mehr diesen Prozess der zunehmenden erkenntnistheoretischen Kritik an der abendländischen Metaphysik vor Augen geführt und ihn als notwendig erkannt. Die metaphysischen Fragen nach der Existenz Gottes oder der Unsterblichkeit der Seele lassen sich nicht mehr länger wissenschaftlich-objektiv beantworten. Eine solche Metaphysikkritik war in der protestantischen Theologie weit verbreitet, wie überhaupt die Kritik der klassischen Metaphysik als abstrakt und lebensfern.

Nun ging Dilthey davon aus, dass die menschliche Religion von diesem Ende der Metaphysik nicht betroffen sei. Dilthey teilte die Überzeugung neuprotestantischer Theologen, dass Religion auf die Seite des lebendigen, individuellen Geistes gehört und von den Denkformen der Metaphysik ablösbar ist. An dieser Stelle radikalisiert Bonhoeffer die Diagnose Diltheys. Nicht nur die Metaphysik, sondern das religiöse Denken und Empfinden insgesamt sieht er von einer neuzeitlichen Auflösung betroffen. Das Ende der Metaphysik bei Dilthey wird von Bonhoeffer auf den Begriff der Religion insgesamt übertragen. Wo Dilthey sich im Namen des Lebens für die Religion und gegen die Metaphysik ausspricht, da spricht Bonhoeffer sich im Namen des Lebens auch gegen die Religion aus. Diltheys Gegensatz von Religion und Metaphysik ersetzt er durch die kritische Gegenüberstellung von Religion und Glauben.

Warum kann und muss die als Metaphysik verstandene Religion auch aus biblischen Gründen kritisiert werden? Als Metaphysik steht sie für eine Weltanschauung, in der die diesseitige Welt ohne eine göttliche Überwelt als unvollständig und unverständlich gilt. Gott ist gewissermaßen notwendig für die Bewältigung dieses Lebens. Ohne Gott könne die Entstehung der Welt nicht verstanden werden, ohne Gott ließen sich viele Lebensfragen nicht bewältigen, ohne Gott gäbe es kein sinnvolles und erfülltes Leben. So aber werde Gott zu einem *Lückenbüßer für unsere Verlegenheiten*, wie es im *Entwurf* heißt. In einer solchen Deutung wird Religion stets nur plausibel als Hilfe an unseren Grenzen und Schwächen.

In dieser Form steht jede Religion für eine Gestalt der *Heteronomie*, für eine Denkform, in der Menschen nicht als mündig angesehen werden. *Die Religiösen sprechen von Gott, wenn menschliche Erkenntnis (manchmal schon aus Denkfaulheit) zu Ende ist oder wenn menschliche Kräfte versagen* (30.4.). Ganz grundsätzlich betont Bonhoeffer, dass biblisch betrachtet die Zuwendung Gottes nicht etwas sei, dem man sich blind unterwerfen müsse. Dadurch würde das, *was eine Gabe für uns ist*, zu einem *Gesetz des Glaubens* (5.5.) gemacht.

In der Kritik der Religion als Metaphysik geht es Bonhoeffer schließlich darum, Religion als *eine geschichtlich bedingte und vergängliche Ausdrucksform* (30.4.) zu durchschauen. Unmittelbar einleuchtend ist zunächst, dass es den christlichen Glauben niemals gab oder gibt ohne bestimmte Ausdrucksformen wie gottesdienstliche Ordnungen, Frömmigkeitsübungen, theologische Denkformen und Symbole. Offensichtlich ist auch, dass diese Formen einem beständigen geschichtlichen Wandel unterliegen. Bonhoeffers These reicht noch weiter. In der Neuzeit erlebt die Christenheit nicht nur einen Gestaltwandel ihrer Ausdrucksformen. Vielmehr verschiebt sich der Platz des Christentums im Gefüge der menschlichen Gesellschaft insgesamt. Lange Zeit war das Christentum als Religion die Grundlage des christlichen Abendlandes, die alle Lebensbereiche bestimmte. In der frühen Neuzeit wurde die christliche Religion ein Lebensbereich neben anderen, an dessen Notwendigkeit und Universalität niemand zweifelte. Das ist es, was sich nun verändert: Das Christentum wird zunehmend ortlos. Es erscheint verzichtbar zu sein als eine Sache der Vergangenheit. Diesen Wandel möchte Bonhoeffer beschreiben mit seiner Deutung: Was das Christentum einmal als Religion war, hat heute seinen selbstverständlichen Ort verloren. Das Christentum befindet sich in einer Umformungskrise von epochaler Dimension. Die oben beschriebene Entwicklung zur Mündigkeit hat gezeigt, dass Gott oder das Christentum in früherem Sinne gerade nicht mehr notwendig ist. Wo dieser Prozess vielen Christen Angst macht, hält Bonhoeffer es für nötig, ihn ausdrücklich anzuerkennen.

b) *Religion als Innerlichkeit*: Mit dem Gedankenkreis der Innerlichkeit hingegen ist eine ganz andere Perspektive eingenommen. Die Kritik der Innerlichkeit richtet sich gegen eine Frömmigkeit, die sich aus der Welt, der politischen oder gesellschaftlichen Sphäre insgesamt zurückzieht. Bonhoeffer akzeptiert durchaus, dass die Lebensbereiche der Politik, der Wissenschaft etc. nicht mehr von der Kirche aus gesteuert werden können. Wäre dann das Konzept einer Religion der Innerlichkeit nicht gerade der Ausweis der Einsicht, dass die Verselbstständigung der Lebenssphären berechtigt ist? Nein, wenn im Zuge dieser unausweichlichen Einsicht das Christentum als Religion selbst auf eine Lebensdimension neben anderen reduziert würde. Einem solchen religiösen Missverständnis des Christentums setzt Bonhoeffer sein Glaubensverständnis entgegen. Glaube ist weder eine weltförmige Dominanz aller Lebensbereiche noch ein weltflüchtiger Rückzug aus der Wirklichkeit in all ihren Dimensionen. Vielmehr handelt es sich beim christlichen Glauben um eine Perspektive bzw. ein Bezogensein auf das ganze Leben. Eine Religion der Innerlichkeit wird hingegen weltlos.

Der Vorwurf des *Individualismus* vertieft den Aspekt der Innerlichkeit. Schon die individualistische Ausrichtung auf die Frage nach dem Seelenheil (5.5.) verfehlt den umfassenden Anspruch des christlichen Glaubens, gerade wenn man ihn vom Alten Testament her versteht. Glaube bezieht sich auf das ganze Leben, nicht nur auf das ewige. In diese Reihe gehört schließlich auch der Begriff des Gewissens, wenn Bonhoeffer die Zeit der Religion als eine *Zeit der Innerlichkeit und des Gewissens* (30.4.) bezeichnet. Der Begriff des Gewissens galt als typisch protestantisch. Vor allem Karl Holl (1866–1926), einer der Berliner Professoren und Lehrer Bonhoeffers, sprach vorzugsweise vom Protestantismus als Gewissensreligion. Bonhoeffers Verständnis des Gewissens ist demgegenüber jedoch überwiegend kritisch, wie vor allem der *Rechenschaftsbericht* zeigt. Die Betonung des eigenen Gewissens steht in diesem Text für eine selbstbezügliche Haltung, weil sie vor allem keinen Fehler machen, nicht in Widerspruch zu den eigenen Prinzipien geraten möchte. Diese Selbstbezüglichkeit verbindet das Gewissen mit dem Begriff der Innerlichkeit.

Was diese Aspekte der Innerlichkeit, des Individualismus und des Gewissens miteinander verknüpft, ist ihre Betonung der *Partialität* der Religion. Religion umfasst nicht mehr das wirkliche Leben in seiner Ganzheit, sondern nur noch einen Teilbereich der Wirklichkeit. Demgegenüber ist es eine für Bonhoeffer wesentliche Einsicht, dass man *dem Leben in allen seinen Dimensionen gerecht werden, und es so bejahen* (R 18) müsse. Das moderne Konzept der Religion wird da fragwürdig, wo der Gläubige sich zurückzieht aus den Herausforderungen des weltlichen Zusammenseins und Religion missversteht als einen Lebensraum, der mit der übrigen Welt nur wenig verbunden ist.

Bonhoeffers kritische Ablehnung der Religion ist nicht zuletzt Kritik an einer modernen Theologie, für die Religion ein Schlüsselbegriff geworden ist. Dilthey ging wie der von ihm verehrte Schleiermacher davon aus, dass der Mensch eine unverlierbare religiöse Anlage habe. Seit dem 18. Jahrhundert hatte in der protestantischen Theologie ein Denken starken Einfluss gewonnen, für das der Religionsbegriff zentrale Bedeutung hatte. Religion wurde verstanden als eine Angelegenheit des Menschen (Spalding), eine Provinz im Gemüt (Schleiermacher) oder mit Ernst Troeltsch: als etwas, das immer schon zum Menschen gehört als eine Art religiöses Apriori. Die Stärke einer solchen Annahme ist offensichtlich: Auf der Ebene der Symbolisierungen und Darstellungsmittel legen die Weltreligionen eine verwirrende Vielfalt an den Tag. Sie kennen den Glauben an viele Götter oder an einen Gott, im Falle des frühen Buddhismus kommen sie auch ganz ohne Gotteskonzept aus. Nur auf anthropologischer Ebene lässt sich ein gemeinsamer Grund ausmachen. Unabhängig von den konkreten Vorstellungen geht es in allen Religion um einen Transzendenzbezug, um den Gewinn von Lebenssinn bzw. um eine Deutung des Lebens in einem Unbedingtheitshorizont.

Bonhoeffer stellt diesen Denkweg grundsätzlich in Frage. Es erscheint ihm nicht mehr notwendig, von einer solchen universalen Anlage des Menschen auszugehen. Die kritische Ablehnung dieses Konstrukts hat Bonhoeffer schon in seiner Habilitationsschrift *Akt und Sein* (1930) formuliert. Eine solche Annahme verführt dazu, vorwiegend um die menschliche Ansprechbarkeit auf speziell religiöse Fragen zu ringen. Zunehmend verschiebt sich damit die Aufmerksamkeit auf Probleme und offene Fragen des Menschen wie Schuld, Leid und Tod. Darin aber sieht Bonhoeffer die Gefahr eines Rückfalls in Heteronomie: Hier muss am Ende wieder an Gott geglaubt werden, weil es vermeintlich für solche Fragen keine innerweltlichen Lösungen gibt. Ein solcher Ansatz läuft hinaus auf eine Begrenzung der Gottesfrage auf Sonderfragen, wie sie für die Religion typisch sind, verfehlt aber den Gottesbezug des ganzen Lebens, wie Bonhoeffer ihn als Haltung des christlichen Glaubens begreift. Denn zuletzt muss Bonhoeffers Kritik der Religion vor dem Hintergrund seines positiven Gegenbegriffs Glaube verstanden werden. Während Religion ein Lebensbereich neben anderen ist, besteht Glaube in einer bestimmten Art und Weise, sich auf das ganze Leben zu beziehen.

Zwischenfazit

An Bonhoeffer These eines religionslosen Zeitalters hat sich seit Jahrzehnten eine schwer überschaubare Diskussion angeschlossen, die bis heute andauert. Die wichtigsten Kritikpunkte und Anknüpfungen an Bonhoeffer kann man so zusammenfassen:

In Bonhoeffers Diagnose der Religionslosigkeit sind ein empirischer, ein theologischer und ein historischer Religionsbegriff miteinander verschränkt. Vielfach wird eingewandt, dass Bonhoeffer zwischen diesen konzeptionellen Perspektiven kein kohärentes Verhältnis mehr herstellen konnte. Auf der Ebene der Leitbegrifflichkeit ist es ihm noch nicht gelungen, seine theologische Überzeugung und seine kulturgeschichtlichen Einsichten schlüssig zu verknüpfen. Vielmehr sind in seinem Religionsbegriff unterschiedliche Aspekte zu einem umfassenden Krisenbewusstsein verknüpft. Die Totalität der wahrgenommenen Krise geht auf Kosten der Genauigkeit der Begriffsbestimmung im Einzelnen.

Der eigenwillige Religionsbegriff Dietrich Bonhoeffers wird in mehrfacher Hinsicht dem Religionsdenken der neuprotestantischen Theologen seit Schleiermacher nicht gerecht. Das gilt vor allem für die Identifikation der Religion mit der Metaphysik: Für liberale Klassiker wie Schleiermacher und Ritschl war gerade die Abkehr von der Metaphysik ein wesentlicher Grund, Religion als Gegenbegriff einzuführen. Ferner ist Religion längst nicht so stark in einer individualistischen Engführung verstanden worden, wie von Bonhoeffer unterstellt. An dieser Stelle erliegt Bonhoeffer vielen Missverständnissen über die Klassiker neuprotestantischer Religionstheorie, wie sie damals weit verbreitet waren.

Zugleich ist auch positiv zu bilanzieren: Die Notwendigkeit von Religionskritik als Aufgabe der Theologie ist heute unbestritten ein berechtigtes Anliegen. Gegenüber der modernen Religionskritik befreit sich die Theologie damit aus der defensiven Position, Religion grundsätzlich apologetisch in Schutz nehmen zu müssen.

Die Berücksichtigung der empirischen Entwicklung des religiösen Bewusstseins ist mehr und mehr als wesentliche Aufgabe der Theologie anerkannt worden, bis dahin, dass auch mit religionslosen bzw. religiös indifferenten Menschen zu rechnen ist.

Bonhoeffers Skepsis gegenüber der Denkfigur von Religion als humaner Anlage, eines zeit- und kulturübergreifenden Apriori im Sinne eines konstanten Bezugspunktes vor aller Erfahrung, ist grundsätzlich schlüssig auch da, wo man den liberalen Religionsbegriff nicht für verzichtbar hält. Religion existiert nie ohne bestimmte Ausdrucksformen und symbolische Vermittlungsgestalten. Diese Einsicht ist bei Schleiermacher in der Kritik natürlicher Religion und in der Betonung positiver Religion zur Geltung gebracht.

Wer mit Bonhoeffer die zentrale Bedeutung des Religionsbegriffs überwinden möchte, muss sich durch Bonhoeffer allerdings auch vor Augen führen lassen, dass bei einer konsequenten Umstellung auf den Begriff des Glaubens nicht alle Probleme verschwinden, die zur Entwicklung des Religionsbegriffs führten. Wenn etwa Bonhoeffer im Brief vom 27.7. über das Problem des unbewussten Christentums nachdenkt und an die scholastischen Unterscheidungen eines bewussten Glaubens vom unbewussten anschließen möchte, ringt auch er mit der Spannung von Universalität und Partikularität des Religiösen. Wer hingegen den modernen Religionsbegriff für unverzichtbar hält, wird an dieser Stelle bemerken, dass auch die Theologie Dietrich Bonhoeffers auf Ansätze in diese Richtung nicht verzichten konnte.

Schließlich ist Bonhoeffers Wahrnehmung der Krise der religiösen Ausdruckformen eine zentrale Beobachtung, die unabhängig von seiner grundbegrifflichen Einordnung überzeugt. Seine Überlegungen zu einer neuen Interpretationsbedürftigkeit des christlichen Glaubens im Kontext der Gegenwart machen Bonhoeffer zu einem frühen Vertreter kontextueller Theologie – einem theologischen Denken, das sich grundsätzlich auf die Verständnis- und Ausdrucksmöglichkeiten der jeweiligen Gesellschaft bezieht.

3.2.3 Die Situation der evangelischen Kirche

Bonhoeffers Zeitdeutung kann von einer Auseinandersetzung mit der Lage der Kirche nicht absehen, zumal diese ein gewichtiger Teil der Gesellschaft ist. Gerade in unterschiedlichen Reaktionsweisen der Kirche auf ihre Zeit wird deutlich, vor welchen Herausforderungen die Christenheit steht.

Das Nachdenken über die Gestalt der Kirche war seit Bonhoeffers theologischer Doktorarbeit *Sanctorum communio*

(1930) ein Schwerpunkt seines Nachdenkens. Darum ist es kein Wunder, dass er dieser Dimension eine Reihe von Beobachtungen widmet. In seiner Kindheit und Jugend spielte das Thema Kirche kaum eine Rolle. Im Zuge einer Italienreise (1924) entdeckte Bonhoeffer im italienischen Katholizismus erstmals die Kirche als eine unumgängliche Realisierung des Christentums. Im Kirchenkampf seit 1933 wurde Bonhoeffer zunehmend in Fragen verwickelt, wie Kirche gelebt werden könne in einer Situation, in der die verfasste Kirche nicht mehr als eine Erscheinung der Gemeinde Jesu Christi anerkannt werden könne.

Bonhoeffers Auseinandersetzung mit der Kirche seiner Zeit kann man auf die Grundthese zuspitzen: Die Gestalt der Kirche wird ihrer Herausforderung durch die Gegenwart nicht mehr gerecht. Bonhoeffer hat eine Vielgestaltigkeit von Kirchenideen und -formen vor Augen, die er differenziert beurteilt. Keinen Kommentar wert ist ihm die Reichskirche, insofern sie sich einordnet in den Totalitätsanspruch des »Dritten Reichs«. In seinen Ausführungen bezieht er sich auf die Kirchenidee des Pietismus, des Konfessionalismus und des Liberalismus.

Den *Pietismus* hält Bonhoeffer für eine besonders repräsentative Erscheinung des Versuchs, *das evangelische Christentum als Religion zu erhalten (Entwurf)*. Offenbar kommen für Bonhoeffer in dieser bedeutendsten Reformerscheinung des Protestantismus seit dem späten 17. Jahrhundert zwei Dinge zusammen: zum einen das Festhalten an Ausdrucksformen und -formeln des Glaubens, die einen zunehmend veralteten Eindruck machen; zum anderen die Konzentration auf eine persönliche Bekehrungs- und Heiligungsfrömmigkeit, die sich aus der Gesellschaft weitgehend zurückzieht. Damit aber ist der Pietismus sowohl durch ein heteronomes Missverständnis des Glaubens wie durch einen Rückzug in die Innerlichkeit gefährdet.

Im Unterschied zum Pietismus stellt der lutherische *Konfessionalismus* wie schon die Orthodoxie stärker die Kirchlichkeit des Glaubens in den Vordergrund. Die in Deutschland vorherrschende lutherische Prägung grenzt sich mit ihrer starken Betonung der Liturgie, des Amtes und der überlieferten Bekenntnistheologie deutlich ab vom modernen Individualismus. Aber faktisch kommt es so ebenfalls zu einem Rückzug aus der Öffentlichkeit in Gestalt eines kollektiven Partialismus.

Der *Liberalismus* tritt in Bonhoeffers Ausführungen als eigenständige Größe weniger in Erscheinung. In der liberalen Kirchlichkeit sah Bonhoeffer weitgehend eine Erscheinung der Vergangenheit, die den Erschütterungen des Ersten Weltkrieges nicht gewachsen war. Insgesamt gilt, dass all diese Formen der Kirchlichkeit vergebliche Gestalten sind, das Christentum als Religion zu retten. Sie erweisen sich entweder als unfähig, überhaupt gemeinschaftsbildend zu wirken, oder sie begrenzen Kirche von vornherein auf einen abgegrenzten Ausschnitt aus der gesellschaftlichen Wirklichkeit.

Komplexer ist Bonhoeffers Verhältnis zur *Bekennenden Kirche*, mit der er sich in diesem Abschnitt des *Entwurfs* ausdrücklich auseinandersetzt. Bonhoeffer hatte sich von Anfang an entschieden mit der Bekennenden Kirche identifiziert. Bonhoeffer teilte nicht nur die grundlegende Absage an die Deutschen Christen und im Ansatz an die nationalsozialistische Ideologie insgesamt, wie sie in der Barmer Theologischen Erklärung von 1934 festgeschrieben wurde. Er gehörte zum radikalen Flügel der Bekennenden Kirche, der sich im Anschluss an die Synode von Dahlem (1935) jeder Zusammenarbeit mit Kirchenleitungen verschloss, die in irgendeiner Form Vertreter der Deutschen Christen integrierte. So sehr Bonhoeffer die grundsätzliche Bereitschaft, ganz aus der Botschaft des Evangeliums zu leben und sich gleichzeitig ganz der Herausforderung durch die Gegenwart zu stellen, schätzte, so sehr kritisierte er eine zunehmende Grundhaltung der Restauration. Auch die Bekennende Kirche trifft das ursprünglich auf Barth gemünzte Schlagwort des Offenbarungspositivismus (s. u.). Sie ist mit ihrer Selbstbehauptung beschäftigt, ansonsten aber zeigt sich eher wenig *persönlicher Christusglaube* und noch weniger *Wagnis für andere (Entwurf)*. Die theologische Berechtigung ihres Bekenntnisses kann nicht darüber hinwegtäuschen, dass sich Kirche in ihrer Konzentration auf die innere Selbstbehauptung der Verantwortung für andere in der Gegenwart entzieht. Bei allen Grundströmungen der modernen Christenheit vermisst Bonhoeffer eine Zeitgenossenschaft, in der christlicher Glaube auf die Herausforderung der gegenwärtigen Situation bezogen ist.

In seinem *Entwurf* hat Bonhoeffer auch geplant, die Moral des Volkes am Beispiel der Sexualmoral zu reflektieren. Längere Ausführungen sind zu dieser Frage nicht erhalten, wohl aber einzelne Andeutungen. Zunächst ist die Beobachtung unvermeidlich, dass sich die kirchliche Sexualethik und die in der Bevölkerung gelebte Wirklichkeit weit voneinander entfernt haben. Die Sexualethik ist ein Musterbeispiel dafür, wie wirkungslos kirchliche Ermahnungen inzwischen sind. Kritisch äußert sich Bonhoeffer zu allen Versuchen, ausgerechnet an dieser Stelle die Diskrepanz von kirchlichem Zeugnis und weltlichem Leben zu thematisieren: So wurde der *Bereich des Intimen (vom Gebet bis zur Sexualität)* [...] *das Jagdgebiet der modernen Seelsorger* (8.7), als ob sich so mit der christlichen Heilsverkündigung an ein zu erzeugendes

Schuldbewusstsein anknüpfen ließe. Solche Anknüpfungstheologie hält Bonhoeffer für vergeblich. Kirche kann nicht
die Aufgabe haben, den Umgang mit Sexualität ins Zentrum
ihres öffentlichen Zeugnisses zu stellen. Vielmehr muss sie
durch Konzentration auf die Mitte der christlichen Botschaft
Orientierung stiften. *Das Wesentliche an der Keuschheit ist
nicht der Verzicht auf Lust, sondern die Gesamtausrichtung
des Lebens auf ein Ziel.* (DBW 8,551) Überzeugungskraft gewinnt Kirche nicht mehr in der krampfhaften Behauptung
der eigenen moralischen Ideale. Auch für ihre ethischen Einsichten kann Kirche nur noch Gehör finden, wenn sie diese
plausibilisieren kann im Blick auf überzeugende Zielsetzun-
gen für das weltliche Leben insgesamt. Traditionelle Prüderie
und Gesetzlichkeit sind nur eine weitere Variante kirchlicher
Selbstabschottung gegenüber der Entwicklung der eigenen
Zeit.

3.3 Wesensbestimmung des christlichen Glaubens

Bislang haben wir die Zeitdeutung Bonhoeffers erörtert und
dabei stets vorausgesetzt, dass er seine Gegenwart aus christlicher Sicht begreifen möchte. Zugleich wird deutlich: Eine
christliche Sicht auf die eigene Zeit ist nicht einfach gegeben
oder verfügbar. Sie steht mit auf dem Spiel. Ein Verständnis
der eigenen Epoche und die Wesensbestimmung des Christentums setzen einander wechselseitig voraus und können
nur im jeweiligen Bezug aufeinander entwickelt werden.

Wer ist Christus für uns heute? (30.4.), so lautet die Ausgangsfrage der theologischen Briefe. Die Bedeutung dieser
Schlüsselfrage kann nicht überschätzt werden. Sie macht
zunächst die grundlegende Kontextualität jeder religiösen

Selbstverständigung deutlich. Glaube kann immer nur im Heute stattfinden. Hier gilt Bonhoeffers grundlegende Einsicht aus seinem Buch *Nachfolge*, dass *eine Erkenntnis nicht getrennt werden kann von der Existenz, in der sie gewonnen ist* (DBW 4,38). Sachgemäße Theologie ist notwendig kontextuelle Theologie. Zugleich ist das christliche Bewusstsein durch ein eindeutiges Zentrum bestimmt: Jesus Christus selbst. Mit seiner Ausgangsfrage denkt Bonhoeffer nicht nur an eine neue Übersetzung des Glaubens in die Gegenwart, sondern an seine grundlegend neue Aneignung. Wir sind *auf die Anfänge des Verstehens zurückgeworfen*, heißt es in der *Taufpredigt*.

Wir gehen in diesem Kommentar in zwei Schritten vor: Zunächst folgen wir den ausführlichen Auseinandersetzungen Bonhoeffers mit wichtigen Theologen seiner Epoche und zeichnen so seine theologiegeschichtliche Selbstverortung nach. In einem zweiten Schritt fragen wir nach seiner Neubestimmung des Gottes- und Christusverständnisses.

3.3.1 Theologiegeschichtliche Selbstverortung

Bei aller Auseinandersetzung mit seiner geschichtlichen und politischen Wirklichkeit ist unverkennbar, dass Bonhoeffer auch um eine Selbstverortung innerhalb der Theologie seiner Zeit ringt. In mehreren Briefen (30.4., 5.5., 8.6.) setzt er sich mit den maßgeblichen Theologen seiner Zeit ebenso auseinander wie mit den wichtigsten theologischen Richtungen seiner Epoche.

An dieser Stelle kann es nicht darum gehen, die Stellung Bonhoeffers innerhalb der Geschichte der Theologie nachzuzeichnen. Wir konzentrieren uns ganz auf seine Rezeption der aus seiner Sicht wichtigsten Theologen seiner Generation. Herausragende Bedeutung für seine theologische Orientie-

rung hat das Werk des Schweizer Theologen *Karl Barth*
(1886–1968). Wie schon gesehen, hatte Barths grundlegende
Unterscheidung von Offenbarung und Religion, wie er sie in
seinem Werk *Der Römerbrief* (1919/1922) entwickelt hatte
und in seiner *Kirchlichen Dogmatik* (1932–1967) entfaltete,
grundsätzliche Bedeutung für Bonhoeffer. Bonhoeffer folgte Barth ebenfalls in der Grundentscheidung, Jesus Christus
als das maßgebliche Wort Gottes zu betrachten, von dem her
alle christliche Verkündigung und Theologie ihren Ausgang
zu nehmen habe. Spätestens seit Ende der 1920er Jahre ist der
theologische Ansatz Barths ein bleibender Bezugspunkt für
Bonhoeffers theologisches Denken. An diesen Grundüber-
zeugungen hat er auch in Tegel unbeirrt festgehalten.

Zugleich spielt in den theologischen Briefen die kritische
Auseinandersetzung mit Barth eine große Rolle. Zeitgenössische Kritik, Barth sei generell an der praktischen Umsetzung
seiner Theologie gescheitert, weist Bonhoeffer zurück: *Nicht
in der Ethik, wie man häufig sagt, hat er dann versagt – seine
ethischen Ausführungen, soweit sie existieren, sind ebenso bedeutsam wie seine dogmatischen* (8.6.). Bonhoeffer bringt
seine kritischen Anfragen an Barths Theologie auf den Begriff
des *Offenbarungspositivismus* (30.4., 5.5., 8.6.). Was ist damit
gemeint?

Bonhoeffer kritisiert mit diesem Begriff nicht Barths of-
fenbarungstheologisches Denken. Vielmehr teilt er zeit seines Lebens einen solchen Ansatz, der aufgrund und im Anschluss an eine von Gott her ergehende Selbsterschließung
nachdenken möchte. Der kritische Akzent liegt ganz auf dem
Begriff des Positivismus. Allgemein versteht man unter Positivismus Denkansätze, die von etwas Gegebenem ausgehen,
ohne diesen Ausgangspunkt ihrerseits begründen oder rechtfertigen zu können. In seiner *Ethik* assoziiert Bonhoeffer ein

solches Verfahren mit Willkürlichkeit bzw. Autoritarismus (DBW 6,380). In den Briefen fasst er diesen Argumentationsstil mit der Formel *friß, Vogel, oder stirb* (5.5.) zusammen. Auf einem solchen Wege kommt es nicht zu einer Selbstschließung der Sache, die freies Einvernehmen finden kann. Das Problem in Barths theologischem Ansatz sieht Bonhoeffer in der fehlenden Vermittlung mit der mündigen Welt. Seine Deutung des christlichen Glaubens als letztlich wahre Religion bleibt zu stark einem heteronomen Denkschema verhaftet und verhindert so eine umfassendere Umformung des christlichen Glaubens in der Gegenwart. Darum führen Barths theologische Impulse vielerorts zu einer Restauration klassischer Kirchlichkeit. Barths Religionskritik ist nicht radikal genug.

Eine zweite theologische Tradition, mit der sich Bonhoeffer in durchgehender Skepsis auseinandersetzt, ist der *Pietismus* (bzw. der *Methodismus*). Bonhoeffer sieht diese Strömung als Ausdruck einer individualistischen Bekehrungsfrömmigkeit. Exemplarisch für diese Richtung steht der in Tübingen lehrende Theologe *Karl Heim* (1874–1958). In seiner kritischen Wahrnehmung des Methodismus bzw. Pietismus wendet sich Bonhoeffer gegen einen Individualismus, der Religion unabhängig von den Herausforderungen der eigenen Zeit auf die Gewinnung einer jenseitigen Erlösung für *den einzelnen Menschen* (8.6.) konzentriert. In dieser Zuspitzung sieht Bonhoeffer mindestens eine Engführung der christlichen Botschaft. Auf diesem Weg wird nicht mehr das ganze Leben von Christus her umfasst.

Stärker konfessionell-lutherisch geprägte Positionen wie die von *Paul Althaus* (1888–1966) sind für eine solche Einseitigkeit weniger anfällig. Sie grenzen sich von Heilsindividualismus ab durch die Betonung der Kirche in ihrer sozialen

Objektivität. Die Taufe, der kirchliche Gottesdienst, die Liturgie etc. stehen für das überindividuell Allgemeine, in das ein Mensch eingeordnet wird. Hier lauert eine andere Gefahr, die mit der Individualisierung vergleichbar ist. Hier wird der Versuch unternommen, in der Kirche eine Bastion zu gewinnen, die von den Stürmen der Zeit im Kern nicht berührt ist. Weil Althaus bei diesem Ansatz letztlich *die Welt sich selbst* (8.6.) überlässt, handelt es sich hier um einen kollektiven Heilsegoismus. Dieser Weg teilt die pietistische Abgrenzung von der Welt und damit die Gleichgültigkeit gegenüber weltlichen Fragen, insofern diese nicht das kirchliche Leben betreffen. Im Kirchenkampf erfuhr Bonhoeffer, dass manche Christen die Judengesetze da ablehnten, wo sie das Leben der Kirche berührten, gleichzeitig aber dem Staat zugestanden, die öffentlichen Angelegenheiten ohne kirchlichen Widerspruch zu klären. Letztlich kann man hier von zwei Formen der Partialisierung des Christentums sprechen, einer individuell-pietistischen und einer lutherisch-klerikalen. So sehr sie jeweils mit der Bedeutung des persönlichen Glaubens bzw. der kirchlichen Einbettung individueller Frömmigkeit ein wichtiges Anliegen betonen, machen sich beide Richtungen doch der einseitigen Betonung ihrer Wahrheitsmomente schuldig.

Besondere Bedeutung besitzt die Auseinandersetzung mit dem Marburger Theologen *Rudolf Bultmann* (1884–1976). Seit Bultmanns Vortrag *Neues Testament und Mythologie* (1941) innerhalb der Bekennenden Kirche viel Kritik auf sich gezogen hatte, hat Bonhoeffer sich grundsätzlich positiv zu Bultmann geäußert (vgl. schon die Korrespondenz ab März 1942 – DBW 16,248; 267; 344 f.). Seine Parteinahme für Bultmann wollte er nicht als Identifikation mit seinem Programm verstanden wissen. Vielmehr stand Bonhoeffer der radikalen Kritik Bultmanns an den neutestamentlichen Wundergeschichten durchaus skeptisch gegenüber. Er respektierte jedoch von Anfang an Bultmanns intellektuelle Redlichkeit und befürwortete die grundsätzliche Richtung dieses Vorstoßes, gerade gegenüber konservativen Kritikern, die Bultmann aus der Bekennenden Kirche ausschließen wollten.

Bonhoeffer weiß sich mit Bultmann einig im theologischen Ausgang von der geschichtlichen Offenbarung Gottes in Jesus Christus. Er ist ebenfalls davon überzeugt, dass eigentliches Verstehen stets mit der eigenen Existenz untrennbar verwoben ist. Bonhoeffer teilt natürlich auch Bultmanns Ablehnung eines naiven Biblizismus, der sich keine Rechenschaft geben möchte von den antiken Denkvoraussetzungen und -strukturen vieler biblischer Texte. Er vermag jedoch nicht Bultmanns radikale historische Skepsis zu teilen, die jede Rede von Wundern für obsolet erklärt. Wo ein fundamentalistischer Biblizismus glaubt, des Handelns Gottes in der Weise historischen Wissens sicher sein zu können, da verfehlt umgekehrt eine prinzipielle Skepsis gegenüber jeder geschichtlichen Selbstoffenbarung Gottes das unverfügbare Geheimnis Gottes.

Die Auferstehung Jesu Christi ist für Bonhoeffer nicht nur ein Interpretament der neutestamentlichen Gemeinde, nicht nur symbolischer Ausdruck für die Bedeutsamkeit, die man Jesus Christus zuschrieb. *Ich bin nun der Auffassung, daß die vollen Inhalte einschließlich der »mythologischen« Begriffe bestehen bleiben müssen – das Neue Testament ist nicht eine mythologische Einkleidung einer allgemeinen Wahrheit!, sondern diese Mythologie (Auferstehung etc.) ist die Sache selbst!* (8.6.) Diese nicht ganz leicht verständliche Zuspitzung lässt sich wohl so begreifen: Im Unterschied zu Bultmanns starker Betonung des christlichen Kerygmas, der Verkündigung der Urgemeinde, legt Bonhoeffer Wert darauf, dass Jesus Christus selbst die entscheidende Offenbarung Gottes ist. Wenn Gott sich in diesem Christus offenbart, dann ist die Auferstehung kein von Gottes Selbsterschließung ablösbares Zeichen. Ebenso wenig teilt Bonhoeffer Bultmanns Einschätzung der mythologischen Redeweise als grundsätzlich vergegenständlichend und darum überwindungsbedürftig. Natürlich sind die historischen Ausdrucksmittel der biblischen Autoren als solche nicht einfach identisch mit ihrer Sache. Aber Bonhoeffer geht nicht davon aus, dass sich unangemessene Redeformen durch eine eigentliche ersetzen ließen. Vielmehr muss man sich bei jeder Redeweise von Gott, gleich ob mythologisch, märchenhaft, begrifflich oder narrativ, bewusst machen, dass wir niemals von Gott an sich reden, sondern immer der zeichenhaften Vermittlung bedürfen. Die Rede von Gott ist immer durch Zeichen und Bilder vermittelte Rede, ohne dass Bonhoeffer diese Einsicht je mittels einer ausgeführten Symbol- oder Metapherntheorie zu erörtern sucht. Insgesamt aber begrüßt Bonhoeffer vor allem die hermeneutische Einschätzung Bultmanns, *daß diese Begriffe [...] interpretiert werden müssen* (8.6.), dass sich die Theologie vorbehaltlos auf die geschichtliche Herausforderung der Gegenwart einzulassen und die Nötigung anzunehmen hat, den christlichen Glauben in neuer Weise zu durchdenken und zu übersetzen.

Schließlich ist es die liberale Theologie insgesamt, mit deren Erbe sich Bonhoeffer in diesen Wochen auseinandersetzt. Bonhoeffer äußert zwar bis zuletzt auch skeptische, abgrenzende Aussagen zur *liberalen Theologie*, etwa wenn es kritisch heißt: *Bultmanns Ansatz ist eben doch im Grunde liberal (d. h. das Evangelium verkürzend)* (5.5.). Zugleich aber bekennt er sich in neuer Weise zum liberalen Erbe. Die Stärke der liberalen Theologie sieht er darin, den Weg zur neuzeitlichen Mündigkeit nicht bekämpft, sondern anerkannt zu haben, ohne die Zeit zurückdrehen zu wollen (8.6.). Es sind vor allem die Fragen der liberalen Theologie nach der Gegenwartsgestalt des Glaubens, die Bonhoeffer mehr und mehr als berechtigt erkennt. Dabei gilt es, die Fehler der liberalen Theologie nicht zu wiederholen: *Es war die Schwäche der liberalen Theologie, daß sie der Welt das Recht einräumte, Christus seinen Platz in ihr zuzuweisen* (8.6.). Wo die Stärke der liberalen Theologie in ihrer Anerkennung der neuzeitlichen Situation besteht, ist ihre Schwäche offensichtlich dies, dass auch sie den christlichen Glauben zu einem begrenzten Aspekt des Lebens machte. Wohl aber muss die Frage der liberalen Theologie nach einem gegenwärtigen Glauben neu gestellt werden. Ihrer Diagnose stimmt Bonhoeffer zu: Das Christentum kann den Umbruch der Neuzeit nicht einfach ignorieren. Noch weniger kann sie ihn bekämpfen oder rückgängig machen. Christlicher Glaube muss sich einlassen auf einen umfassenden Gestaltwandel seiner selbst. Eine wichtige Linie liberaler Theologie, die von Bonhoeffer wieder aufgegriffen wird, ist die Unterscheidung von Wesen des Christentums und historischem Ausdruck bzw. Gewand, etwa wenn Bonhoeffer im Blick auf die geschichtliche Entwicklung des Christentums betont, dass die Ausdrucksformen des Glaubens ein Gewand des Glaubens seien, *und auch dieses Gewand hat zu verschiedenen Zeiten sehr verschieden ausgesehen* (30.4.).

Daher kann sich Bonhoeffer in ganz neuer Weise zur liberalen Theologie bekennen: *Ich fühle mich als ein »moderner« Theologe, der doch noch das Erbe der liberalen Theologie in sich trägt, verpflichtet, diese Fragen anzuschneiden. Es wird unter den Jüngeren nicht viele geben, die das beides in sich verbinden.* (3.8.) Die Unterscheidung von modern und liberal mag zunächst verwundern, denn üblicherweise schreibt man heute der liberalen Theologie modernes Denken zu. Bonhoeffer meint mit *modern* jedoch den theologischen Aufbruch der Wort-Gottes-Theologie nach dem Ersten Weltkrieg. Insofern bekennt Bonhoeffer sich hier zu einer notwendigen Vermittlung von Wort-Gottes-Theologie und liberaler Theologie.

Diese Standortbestimmung verband Bonhoeffer mit Rudolf Bultmann. Ohne den bei Barth begonnenen Aufbruch preiszugeben, suchte Bonhoeffer offenbar eine Weiterentwicklung in eine auch von Bultmann angezeigte Richtung. So hat auch Eberhard Bethge Bonhoeffer verstanden, wenn er in einem Brief vom 3.6.1944 von einer *Linie (grob ausgedrückt) Barth-Bultmann-Bonhoeffer* (DBW 8,463) spricht. Bethge redet mit Recht von *grob ausgedrückt*, denn Bonhoeffer empfindet Bultmanns Entwurf teils als liberalen Rückschritt, teils aber eben auch als Schritt in die richtige Richtung: hin zu einer stärkeren Vermittlung mit der Gegenwart.

Diese positive Anknüpfung an die liberale Theologie zeigt sich schließlich in seinem *Entwurf,* in dem Bonhoeffer für den zweiten Hauptteil die Frage aufwirft: *Was glauben wir wirklich?* Die bisherigen Kontroversfragen zwischen Reformierten und Lutheranern, teilweise selbst die Gegensätze von evangelisch und katholisch, hält Bonhoeffer für überholt. Diese Behauptung konnte 1944 längst nicht mit einer Zustimmungsbereitschaft rechnen, wie sie heute in Deutschland üblich ist. Das gilt allzumal für die evangelisch-katholischen Gegensätze, die von jeder ökumenischen Annäherung weit entfernt waren, aber auch für die innerevangelischen Gegensätze. So erlebte die Bekennende Kirche im Vorfeld ihrer Barmer Theologischen Erklärung erhebliche Debatten, ob bekenntnisverschiedene Protestanten sich überhaupt hinter eine gemeinsame Erklärung stellen könnten. Bonhoeffers These, dass die traditionellen Gegensätze *nicht mehr echt* seien, weist auf ihren in späterer Zeit immer deutlicher werdenden Bedeutungsverlust voraus.

Es geht Bonhoeffer jedoch nicht nur um solche kontroverstheologische Fragen, also um klassische Streitfragen zwischen den christlichen Konfessionen wie das Verständnis von Taufe, Abendmahl und Amt. Bonhoeffer nennt ausdrücklich auch das *Problem des Apostolikum*. Dieses Stichwort verweist auf eine gewichtige Auseinandersetzung aus der Zeit um 1900, die damals den meisten an Kirche und Theologie interessierten Zeitgenossen noch im Bewusstsein war. Im sogenannten Apostolikumsstreit hatte der Pfarrer Christoph Schrempf 1891 erklärt, künftig das Glaubensbekenntnis wegen der Aussage *geboren von der Jungfrau Maria* nicht mehr mitsprechen zu wollen, weil er dies nicht mehr glauben könne. Schrempf wurde umgehend aus dem Dienst seiner Kirche entlassen. Auch Bonhoeffers Berliner Lehrer Adolf von Harnack hatte sich eingeschaltet und ebenfalls erklärt, dass man an die leibliche Geburt Jesu von einer Jungfrau nicht mehr glauben und das Bekenntnis an dieser Stelle nur aus Respekt vor seiner geschichtlichen Bedeutung mitsprechen könne. Diese Streitfrage hatte für die Auseinandersetzung unterschiedlicher kirchlicher Richtungen hohe symbolische Bedeutung erlangt. Bonhoeffer hält offenbar eine neue offene Aussprache über solche Fragen für nötig –, bis dahin, dass er unter den Folgerungen des 3. Kapitels auch eine *Revision der »Bekenntnis«frage (Apostolikum)* für angezeigt hält.

Bonhoeffer selbst gibt an dieser Stelle keine Hinweise, in welche Richtung er in einer solchen Debatte argumentieren würde. Aus seinen Äußerungen kann man zweierlei ableiten. Zum einen ist klar, dass Bonhoeffer kein Vertreter jenes Bibli-

zismus war, der meinte, jede biblische Geschichte für historisch halten zu müssen. Auf der anderen Seite konnte er wenig mit einer Bibelauslegung anfangen, die von vorneherein
alle Wundergeschichten als unmöglich ablehnte. Die kritische Auseinandersetzung um Bultmanns Entmythologisie-
rungsvortrag hat ihm jedoch die Augen geöffnet, dass man
vielerorts *nicht ganz ehrlich fragt* bzw. in der Bekennenden
Kirche *nicht ganz freie Luft* wehe. Wieder einmal fordert Bonhoeffer die aufgeklärte Haltung intellektueller Redlichkeit
ein.

Wenn es im *Entwurf* abschließend heißt: *Also, was glauben wir wirklich? Antwort unter b.), c.), d.),* ist deutlich: Diese
Fragen lassen sich nicht allein mit Blick auf die historische
Entwicklung des Christentums klären. Maßgeblich ist vielmehr das Gottesverständnis, die Verhältnisbestimmung
von Gott und Welt im Ausgang von der *Begegnung mit Jesus
Christus.*

3.3.2 *Weltlichkeit und Gott*

Der *Entwurf* sieht zunächst ein Kapitel mit der Überschrift
Weltlichkeit und Gott vor, ohne dies näher auszuführen. Zu
ihrer Entfaltung sind wir ganz auf die Briefe gewiesen. Der
Weltbegriff spielt in den 1940er Jahren in Bonhoeffers Denken
eine große Rolle. Weltlichkeit meint vor allem: das ganze Leben, nicht nur einen Teilbereich desselben. Wenn Bonhoeffer
solche Abstraktion vom Ganzen kritisiert, betont er den Begriff des Lebens. Er stützt sich dabei auf die Lebensphilosophie Wilhelm Diltheys, aber auch auf Friedrich Nietzsche
u. a. Diese Denker kritisierten die Tendenz des modernen
Denkens, theoretische Perspektiven absolut zu setzen und dabei die Fülle der Wirklichkeit mit ihrer individuellen Vielfalt
aus den Augen zu verlieren. Leben bedeutet in diesem Zu-

sammenhang stets: das ganze Leben, die menschliche Existenz ohne Engführung auf eine rationale oder psychische Seite und ohne Begrenzung auf eine rein religiöse oder kirchliche Dimension.

Seine Zuwendung zur ganzen Welt begründet Bonhoeffer nachdrücklich mit der Bibel. Bonhoeffers Theologie will biblische Theologie sein. Spätestens seit seinem ersten Amerikaaufenthalt (1930/31) ist deutlich zu erkennen, dass Bonhoeffer sich theologischen Grundfragen stets im Gespräch mit der Bibel und nicht nur im Ausgang von der konfessionellen Lehrbildung oder vom theologischen Diskurs der Gegenwart her stellen möchte. Während seiner Gefangenschaft betrieb Bonhoeffer vor allem ein intensives Studium des Alten Testaments. Hier entdeckte er einen ganzheitlichen Umgang mit dem Leben, der die Welt nicht in eine religiöse und eine säkulare Sphäre aufteilt. Eine solche Aufteilung des Lebens in zwei Räumen verfehlt den Anspruch Gottes auf die ganze Wirklichkeit (8.7.).

Den Begriff der Weltlichkeit erläutert Bonhoeffer auch als *Diesseitigkeit*. Am 27.6. grenzt Bonhoeffer das Christentum ab von allen Erlösungsreligionen, die von einem Heil nur im Jenseits sprechen. Demgegenüber betont Bonhoeffer abermals die grundlegende Bedeutung des Alten Testaments. *Das Diesseits darf nicht vorzeitig aufgehoben werden. Darin bleiben Neues und Altes Testament verbunden.* Auf den Begriff der Diesseitigkeit bringt Bonhoeffer seine jüngsten Einsichten im Brief vom 21.7.: *Ich habe in den letzten Jahren mehr und mehr die tiefe Diesseitigkeit des Christentums kennen und verstehen gelernt.* Dieser Brief zeigt deutlich, dass Bonhoeffer an dieser Stelle zu neuen Einsichten gekommen zu sein glaubt, die ihn über sein theologisches Denken in der Zeit vor dem Weltkrieg hinausführen. Deutlich betont er an dieser Stelle auch den Unterschied zu vorangegangenen Phasen seiner theologischen Entwicklung. In seinem Werk *Nachfolge* (1937) sieht Bonhoeffer inzwischen eine problematische Tendenz am Werk, auch wenn er sich gleichwohl zu diesem Buch bekennt (21.7.). In der *Nachfolge* wird mit dem Begriff der Welt weit überwiegend die Erfahrung der Verführung bzw. Versuchung beschrieben. Das ist nachvollziehbar, wenn man an die damalige nationalsozialistische Herausforderung denkt. Demgegenüber macht Bonhoeffer in den mittleren 1930er Jahren den Absolutheitsanspruch Jesu Christi auf alle Lebensbereiche stark. In den 1940er Jahren kommt er zu einer Umorientierung. Rückblickend verwirft er die frühere Zuspitzung nicht, meint aber doch von ihrer *Gefahr* reden zu können. Welche Gefährdung? Das Überspringen des Weltlichen, der Diesseitigkeit des Lebens. Stärker als früher lehnt Bonhoeffer nun einen quasi-pietistischen Rückzug aus der Welt ab, der sich auf Reich-Gottes-Arbeit konzentriert, aber rein weltliche Fragen für ungeistlich hält. Eine solche Absonderung von der Welt schließt christliche Existenz in ein Ghetto ein und bleibt der Welt das Zeugnis des christlichen Glaubens schuldig. Alle Bekehrungspredigt, die auf einem solchen Boden des Rückzugs erwächst, führt zur Weltflucht. Gegenüber einer solchen Haltung ist die Entdeckung der Weltlichkeit des Glaubens eine Befreiung. Der Christ *darf »weltlich« leben, d. h. er ist befreit von den falschen religiösen Bindungen und Hemmungen* (18.7.).

Diese Neuorientierung lässt sich begrifflich ordnen anhand einer Grundunterscheidung, die Bonhoeffer in seiner *Ethik* ausführlich entwickelt hat. Bonhoeffer führt dort die Unterscheidung zwischen dem Letzten und Vorletzten ein (DBW 6,137–162). Mit dieser Differenz versucht Bonhoeffer einerseits, das Wahrheitsmoment der traditionellen Unterscheidungen von Staat und Kirche, Reich Gottes und Reich der Welt zu würdigen, ohne diese zu einer Aufteilung der Wirklichkeit in zwei beziehungslose Räume zu entwickeln. Mit guten Gründen sieht Bonhoeffer in den früher bisweilen vertretenen statischen Unterscheidungen zweier Reiche Luthers eigentliches Anliegen einer Unterscheidung zweier Handlungsweisen Gottes in Kirche und Staat verfehlt. Mit seiner Unterscheidung von Letztem und Vorletztem glaubt Bonhoeffer die Differenz und den Zusammenhang dieser beiden Wirkweisen Gottes besser ausdrücken zu können. Rückblickend glaubt er auch, phasenweise das Vorletzte, das natürliche, diesseitige Leben mit seiner Größe und Grenze allzu schnell übersprungen zu haben. Biblisch-theologisch beruft sich Bonhoeffer für seine Betonung der Welt in ihrer relativen Eigenständigkeit und Würde auf eine verstärkte Wahrnehmung des Alten Testaments mit seiner Diesseitigkeit, seinem Ernstnehmen von Familie, Nachkommen und Land. Neben dieser alttestamentlichen Ganzheitlichkeit des Glaubens betont Bonhoeffer die Menschenwerdung Jesu Christi als Ausdruck dafür, dass Gott sich ganz und gar auf diese Welt eingelassen hat.

3.3.3 Die theologische Leitidee

Wer ist Christus, wer ist Gott, so lauten die Ausgangsfragen zu Beginn der theologischen Briefe bzw. im *Entwurf.* Dass sich Bonhoeffers Erörterungen in ihrem Zentrum immer wieder auf Jesus Christus zu bewegen, ist keineswegs überraschend, wenn man sich Bonhoeffers theologischen Weg von seinen Anfängen an vor Augen führt. Vor allem in den Briefen vom 27.6., 30.6., 16. und 18.7. spielt das Verständnis der Gestalt Jesu eine zentrale Rolle.

a) *Kritik der metaphysischen Gotteslehre*: Nicht nur für Bonhoeffers kritische Infragestellung der Religion, auch für das Gottesverständnis ist die Kritik an den überlieferten Denkschemata der Metaphysik grundlegend. Schon in seiner Habilitationsschrift *Akt und Sein* (1931) formuliert Bonhoeffer die Formel: *Einen Gott, den es gibt, gibt es nicht.* (DBW 2, 112) Diese Aussage will nicht einfach die Realität Gottes bestreiten. »Es gibt« bezieht sich auf Existenzaussagen ohne jeden Bezug zur existenziellen Wirklichkeit des Menschen. Daher ist der Gottesgedanke nicht in Analogie zu Dingen oder Sachverhalten zu denken. Gott »ist« nicht anders als in personaler Zuwendung. Es kann keine generelle, neutrale Kenntnis Gottes geben. Nur im Sicheinlassen auf die personale Begegnung, mehr noch, nur eingebunden in eine Gemeinschaft von Menschen, unter denen es eine diesbezügliche Kommunikation gibt (Kirche), kann sinnvoll von Gottes Realität die Rede sein. Existenzielle Offenheit und soziale Verbundenheit sind für die Frage nach Gott unverzichtbar.

Warum wird die klassische Metaphysik der Frage nach Gott nicht gerecht? In der traditionellen Metaphysik wird Gott seit der griechischen Antike bestimmt als höchstes Sein bzw. höchstes Gut. Ferner wird Gott durch bestimmte absolute Eigenschaften beschrieben wie Allmacht, Allwissenheit, Ewigkeit etc. In der Geschichte der christlichen Theologie ist dieses Erbe grundsätzlich angenommen worden, nur dass man es in einem zweiten Schritt verknüpfen wollte mit der besonderen Offenbarung Gottes in Jesus Christus. Der metaphysische Gottesbegriff und die besondere christliche Gotteserkenntnis sind in der christlichen Tradition vielfach addiert worden, auch da, wo die christliche Gotteserkenntnis als Vollendung des allgemeinen Gottesbegriffs konzipiert wurde. Bonhoeffer hält diesen Weg inzwischen für undurchführbar. Der traditionelle Gottesgedanke ist so lediglich *ein Stück prolongierter Welt,* heißt es im *Entwurf.*

Demgegenüber hält es Bonhoeffer für unverzichtbar, *die Geheimnisse des christlichen Glaubens vor Profanisierung* (5.5.) zu behüten. Die Transzendenz Gottes darf nicht vorausgesetzt sein als allgemein verfügbare Gegebenheit. Hier teilt Bonhoeffer mit seinen theologischen Lehrern die Kritik der traditionellen Gottesbeweise, wie Immanuel Kant sie durchgeführt hat. Zugleich hält Bonhoeffer daran fest, dass von Gott die Rede sein könne und müsse im Anschluss an seine geschichtliche Selbstbezeugung. Im christlichen Glauben muss Gott von Jesus Christus her gedacht und entfaltet werden. Gott ist nicht anders zu denken als so, wie er sich geschichtlich in Jesus Christus erschließt. Diese Selbsterschließung Gottes in der Geschichte und die dort sichtbare Zuwendung zum Menschen – das ist der Leitfaden, der konsequent berücksichtigt werden muss. Die traditionellen Begriffe der Gotteslehre wie Allmacht, Allwissenheit etc. sind nicht einfach verzichtbar. Sie dürfen jedoch nicht aus einer abstrakten, zeitlosen Metaphysik entnommen oder in ihrem alltagssprachlichen Sinne unkritisch vorausgesetzt werden. Sie müssen gemessen werden an diesem Maßstab, wie Gott im Zeugnis von und über Jesus Christus zur Sprache kommt.

b) *Kritik einer anthropologischen Anknüpfungstheologie*: Darf das Verständnis der Offenbarung Gottes in Jesus Christus nicht durch metaphysische Denkformen vorbestimmt werden, so soll es genauso wenig dem Vorverständnis bestimmter anthropologischer Kategorien unterstellt werden. Daher grenzt sich Bonhoeffer wiederholt ab von Versuchen, die Rede von Gott plausibel machen zu wollen durch Anknüpfungsversuche an Kategorien des menschlichen Daseins. Konkret lehnt Bonhoeffer jede Theologie oder Verkündigung ab, die Gott als eine Lösung von Grenzfragen des menschlichen Lebens zur Geltung bringen möchte (5.5). Gott dürfe nicht nur da plausibel werden, wo der Nachweis gelingt, dass der Mensch ungeachtet seiner zufriedenen Existenz an unerfüllter Sehnsucht nach Sinn und Ganzheit leide oder in Angst und Verzweiflung schwebe, die sich allein religiös bewältigen lasse. In seinen Briefen vom 8.6. und 30.6. entfaltet Bonhoeffer seine grundlegende Kritik an solchen Ansätzen.

Die zeitgenössische Theologie hatte einige solcher Anknüpfungsstrategien entwickelt, die alle darauf hinausliefen, dass Gott zur Bewältigung der menschlichen Existenz notwendig sei. Für Bonhoeffer produziert solche Theologie nur Scheinlösungen. Gott erscheine hier als eine Art *deus ex machina*. Mit dieser Formel spielt Bonhoeffer auf ein dramaturgisches Verfahren des Theaters seit der griechischen Antike an, bei dem unlösbare Probleme des irdischen Lebens am Ende des Stücks dadurch behoben werden, dass eine Gottheit erscheint und die wunderbare Überwindung aller Schwierigkeiten gewährt. Eine solche sprichwörtlich gewordene Erlösung in höchster Not dank übernatürlichen Eingreifens der Gottheit sei den Christen gerade nicht verheißen.

Mit dieser Ablehnung jeglicher Apologetik wie auch eines jeden Bekehrungs-Methodismus baut Bonhoeffer letztlich auf Karl Barths These auf, dass Gott nur durch Gott erkannt werden könne. Wenn er jedes andere Vorgehen als unvornehm kritisiert (8.7.), greift Bonhoeffer eine von Friedrich Nietzsche inspirierte Kritik einer Haltung auf, die sich allzu leicht der Überredung bzw. der Schmeichelei unterwirft, statt selbstständig urteilen zu wollen.

Die Kritik an der Verknüpfung der Theologie mit der Existenzphilosophie muss auch als Abgrenzung gegenüber Rudolf Bultmanns Programm der existenzialen Interpretation verstanden werden. In seinem Vortrag *Neues Testament und*

Mythologie (1941) rezipiert Bultmann die Anthropologie des Philosophen *Martin Heidegger* (1889–1976). Dabei werden die Schilderungen von Angst und Sorge zum Anknüpfungspunkt der christlichen Botschaft, die den Menschen zur Möglichkeit eines befreiten, eigentlichen Lebens ruft. So sehr es Bonhoeffer begrüßt, dass Bultmanns Interpretation des christlichen Glaubens diesen mit der menschlichen Existenz verknüpft, so sehr grenzt er sich implizit kritisch ab von einer damit verbundenen Engführung auf bestimmte Grenzerfahrungen des menschlichen Lebens.

Bonhoeffer vertritt eine konsequente Offenbarungstheologie, wie sie von den Begründern der Wort-Gottes-Theologie entworfen wurde. Diese Abgrenzung betont er nicht zuletzt gegenüber solchen Bewegungen, die an religiösen Bedürfnissen nach Gemeinschaft oder liturgischer Gestaltung anknüpfen: *Diejenigen, die hier wie z. B. P. Schütz oder die Oxforder oder die Berneuchener die »Bewegung« und das »Leben« vermissen, sind gefährliche Reaktionäre, rückschrittlich, weil sie hinter den Ansatz der Offenbarungstheologie überhaupt zurückgehen und nach »religiöser« Erneuerung rufen.* (8.6.) Eine gewisse Brisanz hat die Schärfe dieser Abgrenzung darin, dass der Vater seiner Verlobten Maria von Wedemeyer viele Jahre lang einer der führenden Vertreter der Berneuchener Bewegung war, die sich besonders um eine Reform der liturgischen Gottesdienstgestaltung und um eine Wiedergewinnung ganzheitlicher Frömmigkeitsübungen bemühte. Die Abgrenzung gegenüber jeder Anknüpfung an metaphysische Denkformen oder humane Bedürfnisse ist für Bonhoeffer auch in seinen theologischen Briefen schlechthin bestimmend.

c) *Jesus Christus als Mitte*: Jede Form abstrakter Metaphysik und jede anthropozentrische Apologetik verfehlen eine angemessene Rede von Gott schon im Ansatz. Recht von Gott reden lässt sich nach Bonhoeffer nur aus einer Perspektive: von Jesus Christus her. Und zugleich ist Bonhoeffer überzeugt, dass diese Konzentration allein es erlaubt, die ganze Fülle des menschlichen Lebens ernst zu nehmen.

Gehen wir zunächst aus vom *Entwurf.* Die *Begegnung mit Jesus Christus* ist der einzig mögliche Ausgangspunkt rechter Gotteserkenntnis. Damit ist kein religiöses Erlebnis gemeint, das sich sinnvoll einordnen lässt in ein immer schon bestehendes anthropologisches Vermögen. Hier erschließt sich dem Menschen vielmehr *eine Umkehrung alles menschlichen Seins.* Jesus Christus kann nicht eingeordnet werden in bestehende religiöse oder metaphysische Kategorien. Vielmehr muss er als Person mit seinem Handeln so beschrieben werden, dass er allein durch sich selbst überzeugt, durch den Wahrheitsanspruch seiner Person und seiner Sache.

Was ist es, was Jesus Christus so unverwechselbar macht? Dafür prägt Bonhoeffer die Formel: das *Für-andere-Dasein.* In seiner Christologie-Vorlesung von 1933 hatte Bonhoeffer betont, dass Jesus Christus nicht verstanden werden könne aus einer Beobachterperspektive, die ihn historisch, psychologisch oder anders verobjektivierend in den Blick bekommt. Seine Bedeutung für den christlichen Glauben erschließe sich nicht anders denn in der Wahrnehmung seiner Person für mich (*pro me*). Nur so gelinge es, ihn ganz und gar als Person gelten zu lassen und zugleich den Bezug zum wahrnehmenden Subjekt mitzudenken. Dieser grundsätzlichen Einsicht sind auch die Tegeler Briefe verpflichtet, nun aber mit folgender Präzisierung: Christus ist *der Mensch für andere.* Diese Formel impliziert die ältere Beschreibung der Pro-me-Struktur und erweitert sie zugleich, um sie vor jeder selbstbezüglichen Engführung zu schützen.

Es ist das heilvolle Handeln Gottes in diesem Leben und damit der Heilssinn seiner Person, der allein das *Sein* Jesu unverwechselbar macht. In der *befreienden und erlösenden Liebe Christi* (R 12) zeigt sich das Wesen seiner Person. Diese elementare Besinnung auf Jesus Christus ist zugleich Bonhoeffers Antwort auf die Ausgangsfrage *Wer ist Gott?* Von Jesus Christus her betrachtet kann von Gott nur die Rede sein im Sinne dieses Ereignisses bedingungsloser Liebe. Von dieser Mitte her lässt sich der von Jesus Christus her verstandene Gott der Bibel abgrenzen gegenüber den orientalischen und den griechischen Göttern. *Gott in Menschengestalt!* lautet die Kurzformel für das hier sich erschließende Gottesverständnis.

Aus diesem Grund kann Bonhoeffer den Weg Jesu Christi ans Kreuz so nacherzählen, dass er ihn als Gottes Weg beschreibt: *Gott läßt sich aus der Welt herausdrängen ans Kreuz, Gott ist ohnmächtig und schwach in der Welt und gerade und nur so ist er bei uns und hilft uns.* (16.7.) Gott hat Teil an der Ohnmacht und Schwäche Jesu von Nazareth. Daher kann von Gott auch entgegen der metaphysischen These der Leidensunfähigkeit Gottes ausgesagt werden, dass Gott von den Menschen herausgedrängt wurde; nur eben so, dass dieses Erleiden als von Gott selbst so bestimmt und zugelassen geglaubt wird. Darum ergibt sich aus dieser Erkenntnis des leidenden Gottes keine Ablehnung seiner Macht und Wirksamkeit. Vielmehr werden die klassischen Begriffe der Gotteslehre gerade von hier her neu begriffen und formuliert, wenn es weiter heißt: *Es ist Matthäus 8,17 ganz deutlich, daß Christus nicht hilft kraft seiner Allmacht, sondern kraft seiner Schwachheit, seines Leidens!* (Ebd.) Im Gegensatz zu allen Erlösungsreligionen kann es daher heißen: *nur der leidende Gott kann helfen* (ebd.). In Jesus von Nazareth findet Gott eine unüberbietbar anschauliche Vereindeutigung.

Wo Menschen sich durch diese radikale Zuwendung Gottes im Glauben bestimmt wissen, können sie diese Erfahrung weltzugewandter Liebe nur in einer analogen Haltung der Zuwendung zum Mitmenschen beantworten. Das macht die Diesseitigkeit des Glaubens aus. Bonhoeffer betont: *Der Christ hat nicht wie die Gläubigen der Erlösungsmythen aus den irdischen Aufgaben und Schwierigkeiten immer noch eine letzte Ausflucht ins Ewige* (27.6.). Mit dieser Kritik an der Deutung des Christentums als Erlösungsreligion will Bonhoeffer nicht den Heilscharakter der christlichen Verkündigung in Frage stellen. Es geht ihm im Gegenteil um eine Ausweitung: Das Heil Gottes ereignet sich nicht nur im Blick auf letzte, religiöse Fragen. Die bedingungslose Liebe Gottes soll vielmehr als Vorzeichen des ganzen Lebens sichtbar werden, als Evangelium für *diese Welt* (5.5.); nicht als Problemlösung, sondern als umfassende Gabe der Bejahung, der Gemeinschaft und Begleitung.

Wenn in Christus aber Gott selbst offenbar wird, ist hier nicht ein Bereich der Wirklichkeit gemeint, sondern das Ganze. *Er ist die Mitte des Lebens und ist keineswegs »dazu gekommen«, uns ungelöste Fragen zu beantworten.* (29.5.) Von dieser Mitte her ergibt sich auch eine Richtung, wie das menschliche Verhältnis zu Gott in Erscheinung tritt. Religion identifiziert Bonhoeffer mit der metaphysischen Annahme eines *denkbar höchsten, mächtigsten, besten Wesen[s]* (*Entwurf*). Eine solche Annahme verfehlt jedoch die Transzendenz Gottes. Nicht in einem theoretischen Verhältnis, sondern in einem Lebensakt wird Gott zugänglich: in der *Teilnahme* am *Sein Jesu.* Mit einem solchen ganzheitlichen Lebensakt ist der christliche Grundbegriff für das Gottesverhältnis zu identifizieren, nämlich Glaube.

Der in der gleichnamigen Monographie von 1937 so zen-

tral verwandte Begriff der *Nachfolge* tritt in den Gefängnisbriefen stark zurück. Da, wo der christliche Glaube auf seinen
Anschluss an den Weg Jesu hin bedacht wird, ist in unterschiedlichen Wendungen von der Teilnahme bzw. dem *Teilhaben* (18.7.) am Leiden Gottes die Rede. Diese Begrifflichkeit
hat den Vorteil, dass sie das Moment der Gleichgestaltung
mit dem Weg Jesu zum Ausdruck bringt, ohne die menschliche Aktivität auf Kosten der passiven Komponente des Ergrif-
fenwerdens zu stark zu betonen. Dies machen die anschließenden Formulierungen deutlich, die vom *sich in den Weg
Jesu Christi mithineinreißen lassen* reden oder das *Hineingerissenwerden in das messianische Leiden* (18.7.) betonen. Eine
solche Teilnahme am Geschick Christi lässt den Gegensatz
von Gott und Welt so hinter sich, dass zwischen beiden unterschieden wird, aber zugleich nur in der Teilnahme am
weltlichen Sein Glaube an Christus und damit echter Transzendenzbezug möglich ist.

Dieses Teilhaben bezieht sich nicht zuletzt auf den Weg
Jesu zum Kreuz. Der Christ *muß das irdische Leben wie Christus («mein Gott, warum hast Du mich verlassen?») ganz auskosten und nur indem er das tut, ist der Gekreuzigte und Auferstandene bei ihm und ist er mit Christus gekreuzigt und
auferstanden.* (27.6.) Der Sache nach entwickelt Bonhoeffer an
dieser Stelle eine Erneuerung der Unterscheidung Luthers
zwischen einer Theologie des Kreuzes und einer Theologie der
Herrlichkeit. Auf der Heidelberger Disputation 1518 unterschied Martin Luther grundsätzlich zwischen einer Theologie, die Gott im Erfolg, in der Kraft und im Sichtbaren veror-
tet, und einer solchen, die Gott in Kreuz und Leiden wahrnimmt, d.h. streng vom Evangelium von Jesus Christus her
denkt. Diese Differenz wird in Bonhoeffers Unterscheidung
von Religion und Glaube aufgegriffen.

Bonhoeffers Konzentration auf Jesus Christus ist von großer Treue zur dogmatischen Tradition und ihrer Sprache geprägt. Leitend ist eine dreigliedrige Formel, die Bonhoeffers Christologie seit den frühen 1930er Jahren bestimmt: *Menschwerdung, Kreuz, Auferstehung* (*Entwurf,* ähnlich 5.5.). Es gibt für Bonhoeffer keinen christlichen Glauben, der sich von diesen Grundbegriffen ablösen ließe. Zugleich ist Bonhoeffers Umgang mit dieser Formel nicht gebunden an metaphysische Rahmentheorien der Substanzontologie oder des Satisfaktionsdenkens. Die Grundbegriffe der dogmatischen Tradition werden angeeignet, aber auch lebendig weitergedacht.

In der *Taufpredigt* wird diese Spannung von Anschluss an die Tradition und Einsicht in ihre Erneuerungsbedürftigkeit deutlich: *Was Versöhnung und Erlösung, was Wiedergeburt und Heiliger Geist, was Feindesliebe, Kreuz und Auferstehung, was Leben in Christus und Nachfolge Christi heißt, das alles ist so schwer und so fern, daß wir es kaum mehr wagen, davon zu sprechen.* Nicht nur die Konzepte der persönlichen Aneignung sind heute fraglich, also z. B. wie Christus heute Herr der Religionslosen werden kann, sondern auch das Verständnis Jesu Christi selbst. Wie kann das aussehen, dass Menschen nicht an ihren Grenzen, sondern in der Mitte ihres Lebens, nicht bei ihrer Schwäche, sondern mitten in ihren Stärken von Gott ergriffen werden? An dieser Stelle sieht Bonhoeffer eine wesentliche Zukunftsaufgabe der Theologie, die er auf den Begriff einer notwendigen nicht-religiösen Interpretation bringt.

3.3.4 *Nichtreligiöse Interpretation*

Wie genau soll ein solches erneuertes Verständnis des christlichen Glaubens von seiner Mitte her gelingen? Der *Entwurf* benennt diese Aufgabe nur unter 2c). Für ihre konkrete Fül-

lung sind wir an einige Andeutungen in den theologischen
Briefen gewiesen.

Schon in seinem theologischen Brief vom 5.5. redet Bonhoeffer von der Aufgabe, die christliche Botschaft nicht-
religiös zu interpretieren. Der Ausgangspunkt ist seine Auseinandersetzung mit Bultmanns Programm der Entmythologisierung. Bonhoeffer akzeptiert Bultmanns Aufgabenstel-
lung, dass die christliche Botschaft einer Interpretation für
die Gegenwart bedarf, um verstanden zu werden: *Man kann
nicht Gott und Wunder voneinander trennen (wie Bultmann
meint), aber man muß* beide *»nicht-religiös« interpretieren
und verkündigen können.* (5.5) Sodann fällt auf, dass sich Bonhoeffer mit einer Erläuterung dieses Gedankens offensichtlich schwertut. In immer neuen Anläufen spricht er das
Thema an. Am 5.5. grenzt er dieses Anliegen gegenüber einer
religiösen Interpretation ab. Am Ende dieses Briefes formuliert er die positive Aufgabe, dass die Grundbegriffe des biblischen Christentums heute *im alttestamentlichen Sinne und
im Sinne von Joh 1,14 – umzuinterpretieren sind* (5.5.).

Bonhoeffer bezeichnet das Fehlen einer solchen Interpre-
tationsbemühung bei Karl Barth als einen wesentlichen
Mangel seiner Theologie. Derselbe Vorwurf trifft die Beken-
nende Kirche. Auch in ihr finden sich keine Ansätze zu einer
Interpretation der großen biblischen Begriffe bzw. des christlichen Gottesdienstes, *beides bleibt unentfaltet* (8.6.). Eine
kritische Abgrenzung nimmt Bonhoeffer auch vor gegenüber
Ansätzen, die das Neue Testament von heidnischen Erlösungsmythen her interpretieren und nicht vom geschichtlichen
Heilshandeln Gottes her wie im Alten Testament (27.6.). Im
Brief vom 8.7. räumt Bonhoeffer jedoch selbst ein, dass er
Bethge immer noch eine nähere Erläuterung der nicht-reli-
giösen Interpretation schuldig sei, um erneut *Vorbemerkun-*

gen auszuführen. Am Ende des Briefes greift er die Ankündigung wieder auf, um sie abermals zu verschieben. Grundsätzlich bekennt sich Bonhoeffer dazu am 16.7.: *Ich arbeite mich erst allmählich an die nicht-religiöse Interpretation der biblischen Begriffe heran. Ich sehe mehr die Aufgabe, als daß ich sie schon zu lösen vermöchte.* Am Ende dieses Briefes nennt Bonhoeffer den entscheidenden Ansatzpunkt, die oben entfaltete neue Sicht auf Gott in Jesus Christus.

Ist das Projekt einer nicht-religiösen Interpretation also nur ein Programmbegriff, der nie zu einer Entfaltung kam? Bonhoeffer legt keine vergleichbare methodische Ausarbeitung eines Programms vor wie Rudolf Bultmann in seinem Vortrag *Neues Testament und Mythologie.* Und doch lassen sich einige Grundlinien nachzeichnen.

Zunächst legt Bonhoeffer Wert darauf, dass es biblische Grundbegriffe sind, die *umzuinterpretieren* sind (5.5.). An zwei Stellen erwähnt Bonhoeffer eine Reihe von Begriffen, an die er vorrangig denkt: Zunächst zählt Bonhoeffer eine Reihe von Stationen auf, die dem *ordo salutis* entstammen, der traditionellen Lehre von der Heilsaneignung durch den Menschen: *Buße, Glaube, Rechtfertigung, Wiedergeburt, Heiligung* (5.5.). Die Reihung ist insofern bemerkenswert, als sich Bonhoeffer in seiner Schrift *Nachfolge* ausführlich mit diesem Komplex beschäftigt hat und offenbar seine Bearbeitung inzwischen als ergänzungsbedürftig empfindet. Im *Entwurf* führt Bonhoeffer eine zweite Reihe von Grundbegriffen auf: *Schöpfung, Fall, Versöhnung, Buße, Glaube, vita nova, letzte Dinge.*

a) Buße und Redlichkeit: Es ist vor allem der in beiden Aufzählungen vorkommende Begriff der Buße, der im Brief vom 16.7. eine beispielhafte Auslegung erfährt. Bonhoeffer beginnt den Gedankengang mit der Frage, die viele Christen angesichts der neuzeitlichen Verdrängung Gottes zu stellen scheinen: *Wo behält nun Gott noch Raum?* (16.7.) Nun hat es nicht an Versuchen gefehlt, die neuzeitliche Bewegung zur Mündigkeit zu ignorieren oder zu diskreditieren. Aber jede Verweigerung gegenüber der neuzeitlichen Wertschätzung vernünftiger Autonomie bezeichnet Bonhoeffer als Versuch eines *salto mortale zurück ins Mittelalter* (ebd.). Die antineuzeitliche Kulturkritik wünscht sich eine alte oder neue Form von Heteronomie zurück, sei es eine Rückkehr zu einer hierarchisch verfassten Kirche, die alle Grundfragen des Lebens mit letzter Autorität beantwortet, sei es einen anderen *Weg zurück [...] ins Kinderland* (ebd.), wie Bonhoeffer in Anspielung an das Gedicht *Heimweh II* von Klaus Groth (1819–1899) formuliert. Ein solcher Verzicht auf die Zumutung zum Selbstdenken kann nur ein *Verzweiflungsschritt* sein. Bonhoeffer stellt fest: *Diesen Weg gibt es nicht, – jedenfalls nicht durch den willkürlichen Verzicht auf innere Redlichkeit, sondern nur im Sinne von Matth. 18,3!; d. h. durch Buße, d. h. durch letzte Redlichkeit!* (Ebd.)

Sehen wir uns die Neuinterpretation des biblischen Begriffs der Buße näher an. In dieser Deutung wird die Buße zunächst befreit aus der Engführung auf eine moralische Schuldfrage. Mehrmals kritisiert Bonhoeffer eine reduktionistische Konzentration der christlichen Verkündigung auf die Themen Sünde und Vergebung. Christus steht nicht einfach nur für die Erlösung aus einem Leben der Sünde (27.6.). Eine solche Engführung ist den neutestamentlichen Berichten von menschlicher Zuwendung zu Jesus Christus fremd: *Jesus machte nicht aus jedem Menschen zuerst einmal einen Sünder* (30.6.). Es geht Bonhoeffer nicht darum, die Sünde als universales Merkmal des Menschen zu leugnen, wohl aber darum, Glauben nicht ausschließlich durch das Nadelöhr von Sündenerkenntnis und Buße begründet sein zu lassen. Vielmehr geht es ihm um *das ganze menschliche Leben* (ebd.).

An was für eine Art Umkehr denkt Bonhoeffer dann? Konservative Kulturkritiker haben es oft so dargestellt, dass die neuzeitliche Betonung menschlicher Autonomie eine Anmaßung sei, von der es umzukehren gilt. Bonhoeffer dreht diesen Gedanken um. Die Abwehr der neuzeitlichen Zumutung der Mündigkeit wird letztlich durch ein *Opfer der intellektuellen Redlichkeit erkauft* (ebd.). So dürfe man das Wort Jesu *Wenn ihr nicht umkehrt und werdet wie die Kinder, so werdet ihr nicht ins Himmelreich kommen* (Mt 18,3) jedoch nicht verstehen. Es wird auf diese Weise geradezu missbraucht.

Wie versteht Bonhoeffer diese Aussage Jesu und was kann in diesem Zusammenhang *letzte Redlichkeit* bedeuten? Im Hintergrund steht offenbar wieder die Unterscheidung von Letztem und Vorletztem. Im innerweltlichen Leben des Menschen ist jede Form des Verzichts auf Mündigkeit eine Flucht vor der geschichtlichen Entwicklung, in die uns Gott gestellt hat. Wir sollen nicht kindisch sein, sondern reif und mündig werden. Kinder sind wir allein und radikal vor Gott, im Letzten. Dies zu begreifen, bedeutet, die neuzeitliche Berufung zur intellektuellen Mündigkeit anzunehmen. Darum bezieht Bonhoeffer den biblischen Begriff der Buße auf eine heute notwendige Umkehr hin zu einer Haltung, die die menschliche Mündigkeit in allen innerweltlichen Verhältnissen als notwendig erkennt und anstrebt. Diese Haltung der Redlichkeit kehrt sich ab von aller rückwärtsgewandten Suche nach Autorität und von allem Rückzug aus der modernen Welt.

Welche Konsequenz hat eine solche Buße, eine solche Abkehr von der verzweifelten Versuchung des Antimodernismus? Bonhoeffer stellt die These auf: *So führt uns unser Mün-*

digwerden zu einer wahrhaftigeren Erkenntnis unserer Lage vor Gott (ebd.). Die Annahme der neuzeitlichen Situation bringt keinen schleichenden Verlust des Glaubens mit sich, sie ist vielmehr Voraussetzung geistlicher Reife. Was bedeutet das?

Der Wunsch nach Sicherheit, nach Selbstbehauptung ist das grundlegende Problem, das sich in der Ablehnung der neuzeitlichen Situation des Christentums erweist. Bonhoeffer überträgt im Brief vom 16.7. die Formulierung von der *Arbeitshypothese Gott* auf die Herausforderung des christlichen Glaubens in der Neuzeit. Einmal mehr betont Bonhoeffer den Gewinn, der mit der Annahme der neuzeitlichen Situation des Christentums verbunden ist: *Insofern kann man sagen, daß die beschriebene Entwicklung zur Mündigkeit der Welt, durch die mit einer falschen Gottesvorstellung aufgeräumt wird, den Blick freimacht für den Gott der Bibel, der durch seine Ohnmacht in der Welt Macht und Raum gewinnt.* (Ebd.)

Biographisch sind diese dichten Sätze stark geprägt von den Erfahrungen im Kampf gegen die Hitler-Diktatur. Der Widerstand war glücklos. Was schiefgehen konnte, ging schief. Der Nationalsozialismus schwamm auf einer Welle des Erfolgs. Anschlagsversuche gingen fehl, verdeckte Strukturen wurden enttarnt. Selbst die Alliierten lehnten es grundsätzlich ab, irgendwelche Verbindungen mit dem Widerstand aufzunehmen oder auch nur vage positive Signale über geheime Kanäle zu senden. Solche Erfahrungen stehen im Hintergrund, wenn Bonhoeffer schreibt, dass *wir leben müssen als solche, die mit dem Leben ohne Gott fertig werden* (ebd.), und hinzufügt, dass Gott selbst uns das zu wissen gibt. Religion und Glaube treten an dieser Stelle auseinander: Religion als Erwartung eines Eingreifens Gottes zur rechten Zeit,

Glaube als Verzicht darauf, Gott als Lückenbüßer bzw. als steten Retter in höchster Not erwarten zu wollen. Gott bleibt unverfügbar.

Dieser Gedankengang wird vertieft im Brief vom 18.7.: *Der Mensch wird aufgerufen, das Leiden Gottes an der gottlosen Welt mitzuleiden.* (18.7.) Wenn wir nicht einfach mit dem heilvollen Eingreifen Gottes rechnen können, heißt das nicht, dass Gott im weltlichen Leben keine Rolle mehr spielt. Nichtreligiöse Interpretation bedeutet vielmehr Anleitung zu einem Glauben an Gott inmitten der weltlichen Aufgaben. Dabei geht es nicht um eine Methodik oder eines bestimmten Musters eines richtigen geistlichen Lebens. Das *Hineingerissenwerden in das messianische Leiden Gottes* (ebd.) geschieht im Neuen Testament überaus vielfältig, wie Bonhoeffer an unterschiedlichsten Gestalten der neutestamentlichen Geschichte nachweist (30.6.). Bei aller Vielfalt der Wege zu Jesus Christus – die Kreuzigung Christi bleibt das Zentrum seiner Sendung. Sie steht für das Ende jeder religiösen Hoffnung auf ein stets gutes Ende. Gottes Unverfügbarkeit bedeutet nicht, dass er abwesend ist. Vielmehr steht das in Christus sichtbare Leiden Gottes für seine Gegenwart auch in heutigen Erfahrungen des Scheiterns: *gerade und nur so ist er bei uns und hilft uns.* (18.7.)

So von Gott zu reden bedeutet nicht, etwas zurückzunehmen von der Gottlosigkeit der Welt. Bonhoeffer macht sofort deutlich, dass er von »Gottlosigkeit« nicht in einem abwertenden Sinne redet. *Die mündige Welt ist gottloser und darum vielleicht gerade Gott näher als die unmündige Welt.* (Ebd.) Die gottlose Welt ist zunächst einmal eigenständig. Die Überwindung der religiösen Heteronomie früherer Epochen ist ein Gewinn. Die Neuzeit ist kein Zeitalter des Verfalls für das Christentum, sie kann eine Epoche der Befreiung zu seinem eigentlichen Wesen werden. Nicht-religiöse Interpretation ist daher nicht einfach nur christologische Interpretation. Es geht nicht nur darum, alle Sätze über Gott von Wort und Wirken Jesu Christi her zu verstehen. Das Kreuz Jesu ist der zentrale, orientierende Gesichtspunkt für die Wahrnehmung des Lebens insgesamt. Nur die kreuzestheologisch vertiefte Rede von Gott ist wirklichkeitstauglich. So kann das ganze Leben mit seinem Glück und seinem Scheitern, seinen Erfolgen und seinen Niederlagen von Gott her wahr- und angenommen werden.

b) Verheißung und Sinn: Sehen wir uns einen zweiten Fall an, der als Beispiel nicht-religiöser Interpretation eines biblischen Begriffs gelten kann. Im Verlauf des Briefwechsels kommt Bonhoeffer immer wieder auf den Sinn des Lebens zu sprechen, gerade angesichts von Leid und Enttäuschung. Explizit wendet sich Bonhoeffer der Interpretation der Sinnfrage im Brief vom 21.8. zu. *Der unbiblische Begriff des »Sinnes« ist ja nur eine Übersetzung dessen, was die Bibel »Verheißung« nennt.* (21.8.) Diese Frage war offenbar auch ein Thema im Gespräch mit Eberhard Bethge bei dessen Besuch im Gefängnis am 19.5.1944.

Schon im *Rechenschaftsbericht* wird mehrfach das Leiden an der vermeintlichen Sinnlosigkeit der eigenen Anstrengungen angesprochen: *wir möchten gern noch etwas vom Sinn unseres zerfahrenen Lebens zu sehen bekommen.* (R16) Im Briefwechsel wird wiederholt das Problem angesprochen, dass sich die am Widerstand Beteiligten fragen, welche Erfolgsaussichten bzw. welchen Sinn ihr Tun hat. Das ist zunächst einmal eine individuelle Frage. Bonhoeffer arbeitet sich immer wieder an der Einsicht ab, dass in diesen Zeiten des Krieges und der Zerstörung an eine stetige Lebensplanung nicht zu denken ist. Mehrfach kommt Bonhoeffer auf das Wort des

Propheten Jeremia an seinen Schüler Baruch zu sprechen: *Du begehrst für Dich große Dinge? Begehre es nicht!* (Jer 45,5) In Zeiten des Zusammenbruchs gibt es offenbar kein Recht auf geradlinige Karriereverläufe.

Im Kreise der Verschwörer legte Bonhoeffer eine optimistische Grundhaltung an den Tag. Er schien langfristig darauf zu vertrauen, dass das Leben nicht sinnlos ist. Er sah es als Gesetzmäßigkeit an, dass das Böse über kurz oder lang an sich selbst scheitern würde – und war zugleich überzeugt, dass dieses nicht von allein geschehe, sondern unter Mitwirkung verantwortlicher Menschen. Auch für sich persönlich äußerte er die Gewissheit, dass ihm letztlich nichts Sinnloses zustoßen werde (DBW 8,421).

Für eine solche Grundeinstellung bedeutete der Umgang mit dem gescheiterten Attentat vom 20.7.1944 natürlich eine ungeheure Herausforderung. Der von Bonhoeffer gehegte Optimismus schien widerlegt. Im Brief am Tag direkt nach diesem Fehlschlag erörtert Bonhoeffer die Frage so, dass Bethge ihn verstehen konnte, ohne dass der Brief im Falle einer möglichen Entdeckung ihn oder den Empfänger als Mitwisser entlarven konnte.

Wie sollte man bei Erfolgen übermütig oder an Mißerfolgen irre werden, wenn man im diesseitigen Leben Gottes Leiden mitleidet? Du verstehst, was ich meine, auch wenn ich es so kurz sage. (21.7.) Mit dem zweiten Satz macht Bonhoeffer für Bethge deutlich, worauf er anspielt: Der erste Satz ist für den Fall der Entdeckung bewusst zweideutig formuliert, seine Frage lautet faktisch: Wie soll man an einem solchen Misserfolg wie dem gescheiterten Attentat nicht irre werden – an Gottes Regiment in dieser Welt? Adolf Hitler konnte noch am Abend sein Überleben öffentlich als Bestätigung durch die Vorsehung, also durch Gott, dafür bezeichnen, dass er sein

Lebensziel weiterverfolgen solle. Wie soll man sich als Christ zu einer solchen Katastrophe verhalten?

Bonhoeffer weiß: Angesichts des gescheiterten Stauffenberg-Attentats müssen alle Anstrengungen des Widerstandes als gescheitert gelten. Mag der Nationalsozialismus letztendlich den Alliierten unterliegen, eine vorzeitige Beendigung seiner Schreckensherrschaft von innen gibt es nicht, und das wird für viele Menschen, wohl auch für ihn persönlich wie für viele seiner Freunde, schreckliche Konsequenzen haben.

In dieser Situation reflektiert Bonhoeffer noch einmal grundsätzlich seinen Lebensweg der letzten Jahre. Er nimmt Zuflucht zur Gethsemanegeschichte, die ihn in den letzten Wochen begleitet hatte. In einer solchen Lage hilft keine Erklärung mehr, nur noch Haltung: Es gilt, an Gottes Leiden mitzuleiden. Was meint diese mystisch klingende Wendung?

Zunächst einmal ist sie vor allem ein Sinnverzicht im Blick auf dieses Ereignis. Es lässt sich keine sinnvolle Erklärung für das Scheitern benennen. Seine Unbegreiflichkeit ist bedingungslos anzuerkennen. Und zugleich wird dieser Sinnverzicht in einen neuen Sinnhorizont gestellt: Die Gewissheit, dass es auch ein göttliches Leiden an diesem Geschehen gibt. Wer am eigenen Scheitern und am Triumph des Bösen leidet, nimmt teil am Leiden Gottes. Diese Sicht erklärt das Leid der Welt in keiner Weise, nimmt es auch nicht weg. Aber offenbar verhilft seine Sicht Bonhoeffer in dieser Situation dazu, nicht zu verzweifeln, ja am Ende *dankbar und friedlich an Vergangenes und Gegenwärtiges* (21.7.) zu denken. Die Sinnfrage findet keine Antwort. Aber die geglaubte Gemeinschaft mit Gott im Leiden erlaubt mit dieser Antwortlosigkeit einen heilsamen Umgang. Denn das eigene Leiden gewissermaßen in Gottes Leid miteinbezogen zu wissen, stiftet offenbar die heilsame Möglichkeit einer Distanzierung von sich selbst: *nicht zuerst an die eigenen Nöte, Fragen, Sün-den, Ängste denken, sondern sich in den Weg Jesu Christi mit-hineinreißen lassen* (18.7.).

Am 21.8. kommt Bonhoeffer abermals auf die Sinnfrage zu sprechen. Die Frage nach dem Sinn wird nun mit dem bibli-schen Begriff der Verheißung interpretiert. Es geht ihm also offensichtlich nicht darum, dass der moderne Begriff des Sinns den klassischen Begriff verdrängt oder ersetzt. Viel-mehr findet hier eine wechselseitige Erhellung statt. Der Be-griff der Verheißung wird bezogen auf eine brennende Frage heutiger Lebenserfahrung. Umgekehrt wird der Begriff des Sinns durch diese Beziehung zum biblischen Grundbegriff der Verheißung ja nicht auf eine überholte Denkform verwie-sen. Die Logik der nicht-religiösen Interpretation ist an dieser Stelle eine andere als in Bultmanns Programm der Entmy-thologisierung. Für Bultmann ist der Mythos erstens eine Sprache, die heute nicht mehr verständlich, und zweitens eine Denkform, die auch sachlich der biblischen Botschaft nicht angemessen ist. Bonhoeffer teilt die Beobachtung, dass biblische Grundbegriffe heute oft unzugänglich sind. Aber sie können nicht einfach durch eine moderne Sprache ersetzt werden. Vielmehr werden sie in ihrer unverzichtbaren Be-deutungsfülle durch heutige Interpretation neu zugänglich gemacht. Man muss von einer wechselseitigen Erhellung bi-blischer und weltlicher Begriffe sprechen. Es wäre auch zu einfach, von einer schlichten Verknüpfung von Frage und Antwort zu reden. Denn es kann ja nicht darum gehen, dass der biblische Begriff der Verheißung die menschliche Frage nach dem Sinn einfach beantwortet.

Die Sinnfrage ist unvermeidbar. Zugleich lässt sie sich häufig nicht einfach durch Sinngebung abschließen. Gerade darauf verweist der Begriff der Verheißung. Er verweist auf die offene Zukunft, von der Gutes erwartet wird, ungeachtet aller Enttäuschungen. Sinn ist nicht einfach gegeben, sondern Gegenstand der Hoffnung. Das unterstreicht das biblische Konzept der Verheißung. Und zugleich bedarf dieses Wort der Verknüpfung mit der menschlichen Suche nach Ganzheit und Gelingen. Denn offensichtlich können die biblischen Geschichten der Erzväterverheißungen an Land und Nachkommen nicht einfach unmittelbar angeeignet werden.

Die Sinnfrage bleibt in den großen Krisen des Lebens oft unbeantwortet. Die Kategorie der Verheißung lässt diese Einsicht bestehen und verknüpft sie zuletzt mit einer Hoffnung über die gegenwärtige Verzweiflung hinaus. Zuletzt verweist Bonhoeffer auf den letzten Grund einer solchen Hoffnung: *Hätte Jesus nicht gelebt, dann wäre unser Leben trotz aller anderen Menschen, die wir kennen, verehren und lieben, sinnlos.* (21.8.) Das klingt radikal, wenn nicht anstößig: Hat Bonhoeffer nicht vielfach deutlich gemacht, welche überragende Bedeutung menschliche Beziehungen für ihn haben? Diese radikale Zuspitzung gewinnt Bonhoeffer aus der Meditation des Lehrtextes, den die Herrnhuter Losungen für Eberhard Bethges Geburtstag am 28.8. auswiesen: *Alle Gottesverheißungen sind Ja in ihm und sind Amen in ihm.* (2Kor 1,20) Das Leben Jesu steht nicht für eine Überwindung oder Vergleichgültigung des irdischen Lebens mit seinen Beziehungen. In Christus findet sich für Gläubige der *feste Boden* für die Zuversicht, am bleibenden Wert aller irdischen Güter nicht verzweifeln zu müssen.

Bonhoeffers Überlegungen zu einer nicht-religiösen Interpretation biblischer Begriffe sind fragmentarisch geblieben. Beispielhaft lässt sich erahnen, dass es ihm um eine wechselseitige Erhellung und Auslegung biblischer Grundworte und moderner Lebenserfahrung ging. Wir werden uns seinen Ansätzen bei der abschließenden Auslegung wichtiger Gedichte noch einmal zuwenden. Deutlich wird in Bonhoeffers Ausführungen aber auch: Die Bezeugung des christlichen Glaubens ist nicht nur eine hermeneutische Herausforderung für die christliche Verkündigung, sondern eine ganzheitliche und praktische. Denn nicht nur in Worten findet der Glaube seine maßgebliche Auslegung, sondern im ganzen Leben.

3.4 Folgerungen: Vom Beten und Tun des Gerechten

Im *Entwurf* hat das 3. Kapitel die Überschrift *Folgerungen*. Für diesen Teil der Arbeit finden sich im Briefwechsel die wenigsten Vorbereitungen. Man wird in Bonhoeffers wenigen Andeutungen zur Zukunft der Kirche keine ausgereifte Programmatik entdecken können. Gleichwohl zeigen sich einige wichtige Grundlinien.

Der *Entwurf* beginnt das 3. Kapitel mit einer programmatischen These: *Die Kirche ist nur Kirche, wenn sie für andere da ist.* Mit diesem Satz stellt Bonhoeffer den konsequenten Anschluss an seine Bestimmung der Mitte des christlichen Glaubens her. Wenn Glaube bedeutet, am Sein Christi teilzunehmen, wenn Christus aber für eine radikale Bewegung auf den anderen zu steht, dann ist dieses Für-andere-Dasein das entscheidende Kriterium, an dem sich Kirche messen lassen muss.

Die künftige Gestalt der Kirche kann sich Bonhoeffer nur als radikalen Bruch mit der staatskirchlichen Geschichte vorstellen. Darum nennt er an erster Stelle die Schenkung allen kirchlichen Eigentums an Notleidende. Der Verzicht auf staatskirchliche Privilegien hätte sodann auch eine freikirchliche Besoldungsstruktur der Pfarrerschaft zur Folge, die durch die jeweiligen Spenden ihrer Gemeinden finanziert werden sollen. Dabei müssten die Geistlichen auch *eventuell einen weltlichen Beruf ausüben*. Der Grund ist nicht ganz eindeutig. Das könnte schon aus finanziellen Gründen unvermeidlich werden. Es mag aber auch sein, dass diese Maßnahme nicht nur ein Notbehelf ist, sondern auch aus Hochachtung vor jedem Dienst in der Welt vorgeschlagen wird. Wenn in Christus jede Spaltung von Gottesreich und Welt überwunden ist, dann gilt das Zeugnis der Kirche auch den *weltlichen Aufgaben des menschlichen Gemeinschaftslebens*. Dabei geht es nicht darum, den Unterschied von Kirche und Welt aufzuheben. Nicht in der Teilnahme am weltlichen Leben allein, sondern in der Auskunft, *was ein Leben mit Christus ist*, erweist Kirche sich als Kirche. Zugleich kann sie davon nicht nur mit Worten zeugen, denn *nicht durch Begriffe, sondern durch »Vorbild« bekommt ihr Wort Nachdruck und Kraft*.

Daher hat die Ethik eine so wichtige Bedeutung für das Zeugnis des Christentums, nicht im Sinne einer Reduktion des Glaubens auf Ethik, wohl aber so, dass Glaube notwendig im Handeln sichtbar wird. In diesem Sinne formuliert Bonhoeffer je einen Laster- und einen Tugendkatalog, der für das Zeugnis der künftigen Kirche besondere Bedeutung gewinnen könnte. Auch hier zeigt sich der starke Einfluss der Erfahrungen im Kirchenkampf, wenn etwa unter den Lastern der Kirche die Versuchung zur *Anbetung der Kraft* genannt wird oder die Neigung zu *Illusionismus*, zwei Merkmale, die offensichtlich zur Anpassung vieler Christen im Nationalsozialismus beigetragen haben. Begünstigend in diese Richtung hat auch die Neigung zur Selbstüberschätzung (*Hybris*) mitgewirkt wie die innere Unsicherheit, die sich im *Neid* zeigt.

Die zehn positiven Werte, für die die Kirche eintreten sollte, lassen sich als Tugenden im Zeitalter eines geistlichen und gesellschaftlichen Wiederaufbaus verstehen. Zunächst nennt Bonhoeffer die Charaktereigenschaften, die im *Rechenschaftsbericht* als adlige Haltungen gewürdigt werden: Maß, Echtheit, Vertrauen und Treue. Die weiteren sechs Tugenden stellen ein Gegenprogramm zur totalitären Selbstverherrlichung dar: Stetigkeit, Geduld, Zucht, Demut, Genügsamkeit, Bescheidenheit. Es fällt auf, dass Bonhoeffer in diesem Zusammenhang nicht an Tugenden wie Civilcourage, Verantwortlichkeit, Freiheit etc. denkt, die er im *Rechenschaftsbericht* so wesentlich findet.

Insgesamt ist dieses dritte Kapitel des *Entwurfs* kaum gegliedert und bietet nur einen ersten Ausblick. Weitere Überlegungen zur Zukunft der Kirche finden sich in einem Abschnitt der *Taufpredigt.* In den Krisen der Gegenwart spricht Bonhoeffer die Kraft- und Sprachlosigkeit der Kirche nüchtern an: Da, wo *die früheren Worte kraftlos werden und verstummen,* [wird] *unser Christsein* [...] *heute nur in zweierlei bestehen: im Beten und im Tun des Gerechten unter den Menschen.* Mit dieser Betonung von Beten und Tun (vgl. auch den Abschluss von R 9) geht es Bonhoeffer nicht um eine Vernachlässigung des christlichen Wortzeugnisses. Grundsätzlich kann die Kirche nicht sein ohne das Wort. Und zugleich sieht Bonhoeffer die Sprachlosigkeit der Kirche als Zeichen der Zeit, das sich nicht übersehen lässt. Daraus folgt kein Verzicht auf die Verkündigung, wohl aber das Bewusstsein, dass die Kirche ihre Sprache erst einmal wiederfinden muss, *vielleicht ganz unreligiös, aber befreiend und erlösend.* Zu dieser Erneuerung findet die christliche Gemeinde nicht anders denn durch die Besinnung auf das biblisch bezeugte Bild Christi, wie Bonhoeffer in der *Taufpredigt* ausführt: *In den überlieferten Worten und Handlungen ahnen wir etwas ganz Neues und Umwälzendes, ohne es noch fassen und ausspre-*

chen zu können. In diesem Sinne schreibt Bonhoeffer in einem seiner letzten Briefe: *Wir müssen uns immer wieder sehr lange und sehr ruhig in das Leben, Sprechen, Handeln, Leiden und Sterben Jesu versenken, um zu erkennen, was Gott verheißt und was er erfüllt.* (21.8.) Solche Achtsamkeit auf das Bild Jesu Christi, auf seine Worte und sein Handeln, macht christliche Frömmigkeit aus. Machen wir uns anhand anderer brieflicher Äußerungen klar, was Bonhoeffer mit der Konzentration auf Beten und Tun meint.

3.4.1 Frömmigkeit und Arkandisziplin

Zunächst einmal macht die starke Betonung des Gebets deutlich, dass Bonhoeffer mit weltlichem Christsein keine Form der Verweltlichung bzw. der Selbstsäkularisierung der Kirche meint. Es ist ja offensichtlich, wie sehr Bonhoeffer die Beheimatung im klassisch-christlichen Liedgut schätzt, wie selbstverständlich für ihn Fürbitte und Bibellektüre sind und bleiben. Bonhoeffer liegt viel daran, die grundlegenden Vollzüge des geistlichen Lebens zu üben und andere darin einzuführen, wie etwa in seiner Zeit im Predigerseminar Finkenwalde.

Zugleich ist ihm klar, dass viele Zeitgenossen den Bezug zu solchen Glaubensformen verloren haben. Das, was für ihn fraglose Grundlage des christlichen Lebens ist, kann häufig auch in kirchlichen Kreisen nicht mehr als selbstverständlich vorausgesetzt werden. An dieser Stelle redet Bonhoeffer im Anschluss an die Alte Kirche von einer heute nötigen Arkandisziplin (30.4., 5.5.). Kirchengeschichtliche Forschung bezeichnet mit diesem Begriff die altkirchliche Praxis, die genauen Abläufe von Taufe, Abendmahl und Gottesdienst vor Taufbewerbern so lange geheimzuhalten, bis sie gründlich darauf vorbereit wurden. Eine solche Praxis kann und will Bonhoeffer aber nicht unmittelbar auf die Gegenwart übertragen.

In der Finkenwalder Zeit spielt der Gedanke der Erneuerung einer Arkandisziplin eine Rolle im Sinne eines Schutz- und Schonraums der Kirche gegenüber dem Totalitätsanspruch des Staates. In den Gefängnisbriefen kommt Bonhoeffer zweimal auf diesen Begriff zurück, nun mit veränderter Akzentsetzung. Im Brief vom 5.5. spricht sich Bonhoeffer für eine neue Arkandisziplin aus, dass *die Geheimnisse des christlichen Glaubens vor Profanisierung behütet werden*. Der Geheimnischarakter des christlichen Glaubens ist Bonhoeffer zeit seines Lebens wichtig.

Alles christliche oder gar theologische Reden verweist auf eine Wirklichkeit, die sich unmittelbarer Benennung entzieht. Das christliche Leben lässt sich auch nicht methodisch sicherstellen durch bestimmte spirituelle Vollzüge. Andererseits kann der Glaube auch nicht einfach verzichten auf alles, was bislang an Frömmigkeitssprache und -formen gepflegt wurde. *Nicht die platte und banale Diesseitigkeit der Aufgeklärten, der Betriebsamen, der Bequemen oder der Lasziven, sondern die tiefe Diesseitigkeit, die voller Zucht ist, und in der die Erkenntnis des Todes und der Auferstehung immer gegenwärtig ist, meine ich.* (21.7.)

Letztlich geht es Bonhoeffer um einen differenzierteren Umgang mit christlicher Frömmigkeitssprache und ihren Ausdrucksformen. Der christliche Glaube bedürfe der geistlichen Übungen und Pflege, die sowohl in der Familie als auch in der Kirche stattfinden muss. Zugleich benötige die christliche Verkündigung eine größere Behutsamkeit im Umgang mit Menschen. Sie muss sich von jeder Aufdringlichkeit fernhalten, die die menschliche Mündigkeit nicht respektiert. Und sie muss lernen, verschiedene Stufen geistlicher Entwicklung und Sprachfähigkeit wahrzunehmen und zu begleiten.

3.4.2 Handeln

In seiner Religionskritik wendet sich Bonhoeffer kritisch gegen jedes Verständnis des Christentums, das den christlichen Glauben als etwas bloß Innerliches begreifen möchte. Im Anschluss an die Bergpredigt fragt Bonhoeffer: *Ist nicht die Gerechtigkeit und das Reich Gottes auf Erden der Mittelpunkt von allem?* (5.5) Dieser universale Horizont zieht sich durch das theologische Denken Bonhoeffers insgesamt. Schon in seinem Werk *Nachfolge* versteht er den Einsatz für eine irdische gerechte Sache ausdrücklich als Teil der Nachfolge: *Es ist wichtig, daß Jesus seine Jünger auch dort selig preist, wo sie nicht unmittelbar um des Bekenntnisses zu seinem Namen willen, sondern um einer gerechten Sache willen leiden.* (DBW 4,108) In seiner *Ethik* setzt Bonhoeffer diese Linie fort und begreift den Einsatz für soziale Fragen als unverzichtbare Wegbereitung für das Reich Gottes. *Der Hungrige braucht Brot, der Obdachlose Wohnung, der Entrechtete Recht, der Vereinsamte Gemeinschaft, der Zuchtlose Ordnung, der Sklave Freiheit. [...] Wenn der Hungernde nicht zum Glauben kommt, so fällt die Schuld auf die, die ihm das Brot verweigerten. Dem Hungernden Brot verschaffen ist Wegbereitung für das Kommen der Gnade.* (DBW 6,155)

Ist dieser Einsatz für die Gerechtigkeit in der *Ethik* mittels der Unterscheidung von Letztem und Vorletztem geordnet, so wird diese Differenz in den theologischen Briefen nicht mehr im Sinne einer Vor- und Nachordnung verwendet. Das christliche Zeugnis besteht in Worten und Taten. Dabei kann es Zeiten geben, in denen das Tun des Gerechten die einzig mögliche bzw. sinnvolle öffentliche Erscheinung des Christentums ist. In Bonhoeffers Dramenfragment aus der Tegeler Zeit heißt es: *Laßt uns lernen, eine Zeitlang ohne Worte das Rechte zu tun.* (DBW 7,49) Dies kann tatsächlich nur für eine

Übergangsphase Ausdruck des Glaubens sein. Denn so sehr der christliche Glaube ohne die ihn ausdrückende Tat seinen Bezug zur Welt verliert, so wird das christliche Handeln ohne das es deutende Wort unverständlich.

Im Handeln gewinnt der Begriff der Freiheit schließlich seine konkrete Füllung. So sehr Bonhoeffer die Mündigkeit des Menschen zu einem positiven Grundbegriff macht, der durch keine Konzeption von Gesetz oder Gehorsam domestiziert werden darf, so sehr gilt auch, dass sich Freiheit nicht anders als in einer Existenz für den Mitmenschen positiv verwirklichen lässt. Freiheit gibt es nie abstrakt, sondern stets nur konkret. Sie ist nie an sich vorfindlich oder aufweisbar, sondern nur im Handeln real.

Dies betrifft nicht nur das individuelle Leben, sondern auch das gemeinsame Handeln der Gläubigen. Eine Kirche, die wahrgenommen wird als Erbe traditioneller Privilegien und überkommener Verbindungen mit den gesellschaftlichen Eliten, hat ein permanentes Glaubwürdigkeitsproblem. Darum muss sich das Engagement der Kirche gleichzeitig widerspiegeln in ihrer jeweiligen Ordnung und Gestalt.

3.4.3 Kirche nach der Kirche

Der Einsatz der Kirche für politische Anliegen markiert keine höhere Stufe des Glaubens, sondern ist untrennbarer Ausdruck ihrer Verbundenheit mit Jesus Christus. Die Verbundenheit mit Christus ist nicht das Eigentliche, demgegenüber der politische Auftrag als vielleicht wünschenswerte Konsequenz, aber doch als etwas wesentlich Nachrangiges angesehen werden könnte. In seinem Buch *Nachfolge* formuliert Bonhoeffer das Paradox: *Nur der Glaubende ist gehorsam, und nur der Gehorsame glaubt.* (DBW 4,52) Auch für die Kirche gilt die zu Beginn der theologischen Briefe formulierte

These auf die Frage, wer Christus heute für uns sei: *Die Zeit, in der man das den Menschen durch Worte – seien es theologische oder fromme Worte – sagen könnte, ist vorüber* (30.4.).

Auch die Zeit einer hierarchisch-heteronomen Sozialgestalt von Kirche hält Bonhoeffer für abgelaufen. Die zukünftige Gestalt der Kirche wird etwas Neues sein müssen, ohne dass Bonhoeffer die Grundrisse dieser Gestalt schon jetzt im Detail zeichnen kann: *Die Umschmelzung ist noch nicht zu Ende, und jeder Versuch, ihr vorzeitig zu neuer organisatorischer Machtentfaltung zu verhelfen, wird nur eine Verzögerung ihrer Umkehr und Läuterung sein.* (*Taufpredigt*)

Bei seinen Andeutungen legt Bonhoeffer die Erfahrungen zugrunde, die er selbst im Widerstand gemacht hat. Das Sein-für-andere ist gleichermaßen eine christologische wie soziale bzw. ekklesiologische Formel. Kirche wird stets als spirituelle und als soziale Gemeinschaft ihrer Botschaft Ausdruck verleihen. Mit ihrem Aufruf zum Besitz- und Statusverzicht der Kirche klingen Bonhoeffers Gedanken an dieser Stelle besonders schroff, ja extrem. Grundlegend dafür ist seine Überzeugung, dass die Gestalt der Kirche ihrem Wesen entsprechen müsse. Bonhoeffer denkt an eine Kirche nach der Kirche. Die ungeheuren Zusammenbrüche seiner Zeit lassen ihm so etwas wie eine Restauration ihrer bisherigen Gestalt als weder vorstellbar noch auch wünschenswert erscheinen. Es lag außerhalb seines Horizonts, wie stark Kirche wenige Jahre später wieder anknüpfen sollte an die Zeit vor dem Nationalsozialismus.

Es findet sich bei ihm auch keine Reflexion auf die organisatorischen Herausforderungen einer modernen Institution. Bonhoeffer betont vielmehr den Gemeinschaftscharakter der Kirche auf Kosten ihrer organisatorischen Gestalt, die geistliche Christusförmigkeit auf Kosten der strukturellen

Institutionalisierung. Bonhoeffers Ideen zu einer Kirche nach der Kirche setzen einen vollständigen Bruch mit der staats- und volkskirchlichen Tradition Mitteleuropas voraus und nehmen Maß an freikirchlichen Strukturen, wie er sie weltweit kennengelernt hatte. Wie ein Übergang zu solch einer künftigen Struktur der Kirche aussehen könnte, wird von ihm nicht reflektiert.

Wenige Wochen vor der endgültigen Befreiung Deutschlands wurde Bonhoeffer zusammen mit anderen Vertretern des Widerstandes auf Befehl Hitlers getötet. Er, der gerade aus diesem Grund das amerikanische Exil verließ, um beim Wiederaufbau der Kirche in Deutschland mitwirken zu können, erlebte die Nachkriegszeit nicht mehr. Und doch haben seine theologischen Impulse die weitere Entwicklung der Evangelischen Kirche in Deutschland stark geprägt. Dabei haben sie in inhaltlicher Hinsicht mit ihrer Konzentration auf die Zuwendung zu den Armen und Ausgeschlossenen zentrale Bedeutung für das kirchliche Selbstverständnis der Nachkriegszeit gewonnen. Hingegen sind sie in struktureller Hinsicht praktisch folgenlos geblieben.

Gerne wird Bonhoeffers Lebenszeugnis heute mit den Worten zusammengefasst: Wer fromm ist, muss politisch sein. Eine solche Zuspitzung wird da falsch, wo sich die Kirche eine Allzuständigkeit für politische Fragen zuschreibt, ohne auf den betreffenden Feldern die nötige Kompetenz zu besitzen. Das Wahrheitsmoment dieses Satzes aber ist allemal: Die Kirche steht auf Seiten der Leidenden und Ausgegrenzten, der Verfolgten und Diskriminierten, und das nicht nur mit persönlicher Zuwendung, sondern auch mit ihrem öffentlichen Zeugnis im politischen Raum. Wenn wir Bonhoeffers kontextsensibles Denken ernst nehmen, dann werden wir diesen Satz aber auch umdrehen müssen. Dann ist auch zu sagen: Wer sich aus christlicher Verantwortung politisch engagiert, der muss auch fromm sein. Er braucht den regelmäßigen Umgang mit den biblischen Texten ebenso wie die Erneuerung seiner Kräfte im Gebet, er ist auf die persönliche Einbindung in die Gemeinschaft mit anderen Gläubigen ebenso angewiesen wie auf eine hörende Lebenshaltung in der Gegenwart Gottes.

3.5 Verdichtungen: Zu den lyrischen Texten

3.5.1 Die neue Frömmigkeit

Vor allem die lyrischen Texte Dietrich Bonhoeffers lassen sich lesen als Verdichtungen grundlegender Einsichten seiner Tegeler Zeit. Darum sollen diese Texte abschließend keine umfassende Kommentierung erfahren (vgl. Henkys 2005), sondern auf exemplarische Grundeinsichten der theologischen Briefe hin befragt werden.

Wer bin ich

Wer bin ich? Sie sagen mir oft,
ich träte aus meiner Zelle
gelassen und heiter und fest
wie ein Gutsherr aus seinem Schloß.

Wer bin ich? Sie sagen mir oft,
ich spräche mit meinen Bewachern
frei und freundlich und klar,
als hatte ich zu gebieten.

Wer bin ich? Sie sagen mir auch,
ich trüge die Tage des Unglücks
gleichmütig, lächelnd und stolz,
wie einer, der Siegen gewohnt ist.

Bin ich das wirklich, was andere von mir sagen?
Oder bin ich nur das, was ich selbst von mir weiß?
Unruhig, sehnsüchtig, krank, wie ein Vogel im Käfig,
ringend nach Lebensatem, als würgte mir einer die Kehle,
hungernd nach Farben, nach Blumen, nach Vogelstimmen,
dürstend nach guten Worten, nach menschlicher Nähe,
zitternd vor Zorn über Willkür und kleinlichste Kränkung,
umgetrieben vom Warten auf große Dinge,
ohnmächtig bangend um Freunde in endloser Ferne,
müde und leer zum Beten, zum Denken, zum Schaffen,
matt und bereit, von allem Abschied zu nehmen?

Wer bin ich? Der oder jener?
Bin ich denn heute dieser und morgen ein andrer?
Bin ich beides zugleich? Vor Menschen ein Heuchler
und vor mir selbst ein verächtlich wehleidiger Schwächling?
Oder gleicht, was in mir noch ist, dem geschlagenen Heer,
das in Unordnung weicht vor schon gewonnenem Sieg?

Wer bin ich? Einsames Fragen treibt mit mir Spott.
Wer ich auch bin, Du kennst mich, Dein bin ich, o Gott!

Anders als in den meisten anderen seiner literarischen Werke beschreibt Bonhoeffer in diesem Gedicht ausdrücklich (*ein Vogel im Käfig* etc.) seine persönliche Situation als Gefangener. Dabei wird von Anfang an eine Grundspannung von Innen- und Außenwahrnehmung sichtbar. Nun ist die Auseinandersetzung mit dem eigenen Außenbild eine unvermeidliche Herausforderung für jeden Menschen. Eine typische Erfahrung vieler Menschen dürfte sein: Ich bin mehr, als ich zu sein scheine. Ich werde in meiner Umgebung verkannt und unterschätzt. Bonhoeffer dreht diese erwartbare Zuordnung quasi um: Ich scheine mehr zu sein, als ich vor mir selbst innerlich bin.

In drei kurze Strophen entsteht das Bild eines Menschen voll souveräner Gelassenheit und innerer Freiheit, jeweils in der dritten Zeile zusammengefasst auf Eigenschaften mit äußerst positiver Ausstrahlung. In einer deutlich längeren vierten Strophe wird dieser Eindruck mit dem inneren Selbstbild konfrontiert. Was ihm in den Augen der anderen zurückgespiegelt wird an Größe, Gelassenheit etc., wird nicht begierig aufgegriffen als Anerkennung. Gerade die positive Außensicht kann nicht darüber hinwegtäuschen, dass sich das lyrische Ich mit seinem ihm gespiegelten Erscheinungsbild nicht identisch weiß.

Die Frage *Wer bin ich?* wird daher zugespitzt auf einen unentrinnbaren Zwiespalt. Das Ich muss eine ungewöhnliche Diskrepanz aushalten: Sind, was ich zu sein scheine, nur Rollen, die ich spiele (*vor Menschen ein Heuchler*)? Lässt sich diese Spannung von Innen- und Außenwahrnehmung in irgendeine Richtung auflösen? Nein, die Außenwirkung ist ja nicht das Ergebnis gezielter Vortäuschung. Die Frage nach dem Selbstsein ist offenbar nicht direkt zu beantworten. Weder kann die Zuschreibung von außen für unwesentlich erklärt werden, noch kann sie die innere Selbstwahrnehmung ersetzen.

Erst am Ende in einer kurzen sechsten Strophe nimmt das Nachdenken über sich selbst eine geistliche Wende: *Dein bin ich, o Gott!* Man wird diese Zuwendung zu Gott nicht einfach als Lösung der Identitätsfrage bezeichnen können. Es ergibt sich ja keine Auflösung des Zwiespaltes. Weder die Innen- noch die Außensicht erfährt von Gott her Bestätigung. Zugleich werden beide Perspektiven auch nicht für ungültig erklärt. Gott erweist sich vielmehr als unverfügbarer und zugleich tragfähiger Grund, mit diesem Zwiespalt umzugehen.

Was bedeutet das für die Identität des Menschen? Welche Antwort findet die Frage *Wer bin ich?* Der beschriebene und

erlittene Zwiespalt kann gerade darum ausgehalten und ausgesprochen werden, weil er am Ende in einen neuen Zusammenhang gestellt wird. Die Gottesbeziehung löst die Frag-
lichkeit der eigenen Existenz nicht einfach auf, sie wird
heilsam relativiert – und gerade dadurch erträglich. Das *Du
kennst mich* erübrigt nicht das Ringen um Selbsterkenntnis,
es eröffnet der authentischen Auseinandersetzung mit mir
selbst den sicheren Ort des Gesprächs mit Gott. Sein sicheres
wie gelassenes Auftreten wird nicht nur als Rolle entlarvt angesichts der vermeintlich authentischen inneren Wirklichkeit der Verängstigung. Die innere Angst kann ausgesprochen werden, ohne ein letztes Wort sein zu müssen.

Die eigene Identität erweist sich als unverfügbar. Sie lässt
sich nicht besitzen. Es ist mit der eigenen Identität ein wenig
wie mit Gott selbst. Dietrich Bonhoeffer hatte in früheren Le-
bensphasen die Tendenz, durch die Berufung auf die Objektivität des Glaubens die Dimension der eigenen Subjektivität
zu vergleichgültigen. Diese Haltung zeigte sich etwa in seiner
teilweise sehr grundsätzlichen Ablehnung der Psychologie,
der Dimension des Gefühls oder der seelischen Gemeinschaft
mit anderen Menschen.

Das Gedicht *Wer bin ich?* steht gewissermaßen für eine
Umkehrung der Akzente. Ja: Die Gottesbeziehung relativiert
die Frage nach mir selbst. Zugleich ist dies eine heilsame Relativierung, die diese Frage erlaubt. Weil die Frage nach der
eigenen Identität keine letzte Bedeutung hat, kann sie in
einer vorletzten Weise ernstgenommen werden. Christlicher
Glaube geht nicht auf in dem, was er von sich selbst als echt
und wahrhaftig bezeugen kann. Das Gottesverhältnis befreit
zu einer endlichen Authentizität. Die Gottesbeziehung
schließt die Freiheit zu sich selbst nicht aus, sondern begründet sie.

3.5.2 Der neue Gottesgedanke

Christen und Heiden

Menschen gehen zu Gott in ihrer Not,
flehen um Hilfe, bitten um Glück und Brot,
um Errettung aus Krankheit, Schuld und Tod.
So tun sie alle, alle, Christen und Heiden.

Menschen gehen zu Gott in Seiner Not,
finden ihn arm, geschmäht, ohne Obdach und Brot,
sehn ihn verschlungen von Sünde, Schwachheit und Tod.
Christen stehen bei Gott in Seinen Leiden.

Gott geht zu allen Menschen in ihrer Not,
sättigt den Leib und die Seele mit Seinem Brot,
stirbt für Christen und Heiden den Kreuzestod,
und vergibt ihnen beiden.

In keinem seiner literarischen Texte verdichtet Bonhoeffer sein neues Nachdenken über Gott so sehr wie in *Christen und Heiden*. Bonhoeffers kürzestes Gedicht besteht aus drei Strophen mit je vier Zeilen. Jeder Vers ist fünfhebig mit Ausnahme des letzten, der durch seine nur zwei Hebungen besonderen Nachdruck erhält.

Die beiden Gruppen veranschaulichen den Unterschied von Religion und christlichen Glauben. Die Menschen der ersten Strophe sind nicht religionslos, sie nehmen Gott in Anspruch im Sinne der Haltung, die Bonhoeffer als *deus ex machina* bezeichnet hat. Sie gehen zu Gott als zu ihrer letzten Hilfe in der Not. Am Ende dieser Strophe mag es überraschen, dass Bonhoeffer nicht nur von Heiden redet, sondern von *Christen und Heiden*. Darin zeigt sich eine wesentliche Einsicht: Religionskritik ist nicht die Abwertung der anderen, sondern immer auch Selbstkritik. Diese Inanspruchnahme

Gottes an den Grenzen des Lebens als Lösung für letzte Fragen
wie Krankheit, Schuld und Tod ist zutiefst menschlich. Diese
Haltung wird im Gedicht auch nicht direkt abgewertet. So
verstandene Religion ist menschlich. Dass diese Haltung allein unzureichend ist, ergibt sich erst aus der Fortführung.

Die zweite Strophe entwirft ein Gegenbild zu solcher Religion und kann als Veranschaulichung des Glaubens verstanden werden. In starker Spannung zur traditionellen Rede
von Gott wird dieser nicht als allmächtig, souverän und be-
dürfnislos begriffen. Vielmehr wird von Gott geredet wie von
einem hilfsbedürftigen Menschen. Dieses Gottesbild wider-
spricht aller Erwartung und Tradition, es steht auch im direkten Gegensatz zum Gott der Religion in der ersten Strophe,
der als Hilfe in der Not, nicht als Notleidender aufgesucht
wird. Die zweite Strophe redet nicht mehr vom theistischen
Gott der Metaphysik bzw. der Religion im bisherigen Sinne.
Die Absage an einen solchen Theismus bedeutet offensichtlich keine Absage an den Gottesgedanken als solchen. Mag Religion eine historisch wechselvolle und kontingente Erscheinung sein, das Verlangen nach gelingendem Leben und insofern eine Bezogenheit auf Gott betrifft alle Menschen.

In der zweiten Strophe wird Gott neu gedacht in einem
Zeitalter wahnwitziger Machtentfaltung. Der Verführung
der Macht begegnet Bonhoeffer nicht mit einem Gottesbild
jeweils noch größerer Stärke, sondern mit einer kritischen Revision des Machtbegriffs. Die einzelnen Züge der Schilderung
in der zweiten Zeile finden sich alle im Neuen Testament, wo
Jesus als arm (2Kor 8,9), geschmäht (Mk 15,29), ohne Obdach
(Mt 8,20) und Brot (Mt 4,2) geschildert wird. Die dritte Zeile
spielt schließlich auf das paulinische Christuszeugnis an. Die
paulinische Formulierung, dass der Tod verschlungen ist in
den Sieg (1Kor 15,55), wird von Bonhoeffer umgekehrt: Chris-

tus ist *verschlungen von Sünde, Schwachheit und Tod*. Damit greift Bonhoeffer eine Motivumkehrung auf, die so z. B. auch schon von Martin Luther in seinem Galaterkommentar (1531/35) zu Gal 3,13 im Blick auf Christus und die Verderbensmächte vorgenommen wird. Die vierte Zeile greift ein Motiv der johanneischen Passionsgeschichte auf, in der es von einigen Frauen heißt, sie *standen aber bei dem Kreuze Jesu* (Joh 19,25).

Diese völlige Umkehrung der Gottesprädikate und des üblichen Verhältnisses von Gott und Mensch ist nur für denjenigen verständlich, der mit den biblischen Evangelien vertraut ist. Zunächst bezieht sich Bonhoeffer auf die Erzählung von Jesus in Gethsemane (Mk 14,32–42). Angesichts seiner bevorstehenden Passion wird Jesus von Nazareth von Angst und Zittern erfasst und zieht sich mit drei seiner engsten Jünger zum Gebet zurück. Er bittet sie, mit ihm zu wachen. Bonhoeffer liest diese Geschichte als Aufforderung an heutige Gläubige: Gerade die Menschen, die in enger Lebensgemeinschaft mit Jesus stehen, sind nicht nur Empfänger seiner Wohltaten. Sie sind auch berufen, sich auf Gottes Leiden an dieser Welt einzulassen.

Was trägt die Erinnerung an diese biblische Geschichte aus, die so ja in keiner Weise wiederholbar oder unmittelbar umzusetzen ist? Für Bonhoeffer entfaltete diese Geschichte gerade im Moment tiefster Tragik, angesichts des gescheiterten Attentats auf Hitler, ihre tröstende Kraft. Die Umkehrung des Verhältnisses von Gott und Mensch verwandelt in dieser Situation die naheliegende Frage, wie Gott Leid und Unglück zulassen kann. Nachfolge bedeutet nicht nur, sich wie Christus auf die Leidenden, die Ausgegrenzten einzulassen. Sie führt dazu, in diesem Leiden Gott zu erkennen, der auf der Seite der Leidenden steht und ihr Geschick teilt.

Die dritte Strophe bringt einen abermaligen Umschlag mit sich. Nun ist Gott der Handelnde, der sich *allen Menschen* barmherzig zuwendet. In dieser Zuwendung macht Gott keinen Unterschied zwischen Christen und Heiden. Diese Unterschiedslosigkeit göttlicher Gnade nivelliert nicht einfach die Differenz von Glaube und Religion. Am Ende aber steht die Aussage: *und vergibt ihnen beiden.* Es sind nicht einfach alle Menschen Christen. Aber unbeschadet aller Partikularität menschlicher Einstellungen zu Gott ist Gottes Erbarmen universal. Gott vergibt Menschen nicht um ihres Glaubens, sondern um Christi willen. Gott liebt unterschieds- und bedingungslos.

Bonhoeffer hat darauf verzichtet, diese heilsuniversalistischen Gedanken in eine theoretische Lehre zu fassen. Schon in seiner Habilitationsschrift *Akt und Sein* wies Bonhoeffer darauf hin, dass einer *Eschatologie der Apokatastasis*, der Errettung aller Menschen, *nicht alle Türen verschlossen sind*, diese Hoffnung aber *nicht viel mehr als das Seufzen der Theologie* sein könne (DBW 2,160). Mit einem solchen Seufzen schließt das Gedicht *Christen und Heiden.* Am Ende steht die Gewissheit des Glaubens, Gott von Jesus Christus her gesehen nur als bedingungslose Liebe glauben zu können.

3.5.3 Die neue Nachfolge

Stationen auf dem Weg zur Freiheit

Zucht

Ziehst du aus, die Freiheit zu suchen, so lerne vor allem / Zucht der Sinne und deiner Seele, daß die Begierden / und deine Glieder dich nicht bald hierhin, bald dorthin führen. / Keusch sei dein Geist und dein Leib, gänzlich dir selbst unterworfen / und gehorsam, das Ziel zu suchen, das ihm gesetzt ist. / Niemand erfährt das Geheimnis der Freiheit, es sei denn durch Zucht.

Tat

Nicht das Beliebige, sondern das Rechte tun und wagen, / nicht im Möglichen schweben, das Wirkliche tapfer ergreifen, / nicht in der Flucht der Gedanken, allein in der Tat ist die Freiheit. / Tritt aus ängstlichem Zögern heraus in den Sturm des Geschehens / nur von Gottes Gebot und deinem Glauben getragen, / und die Freiheit wird deinen Geist jauchzend empfangen.

Leiden

Wunderbare Verwandlung. Die starken, tätigen Hände / sind dir gebunden. Ohnmächtig, einsam siehst du das Ende / deiner Tat. Doch atmest du auf und legst das Rechte / still und getrost in stärkere Hand und gibst dich zufrieden. / Nur einen Augenblick berührtest du selig die Freiheit, / dann übergabst du sie Gott, damit er sie herrlich vollende.

Tod

Komm nun, höchstes Fest auf dem Wege zur ewigen Freiheit, / Tod, leg nieder beschwerliche Ketten und Mauern / unsres vergänglichen Leibes und unsrer verblendeten Seele, / daß wir endlich erblicken, was hier uns zu sehen mißgönnt ist. / Freiheit, dich suchten wir lange in Zucht und in Tat und in Leiden. / Sterbend erkennen wir nun im Angesicht Gottes dich selbst.

Bonhoeffer hat dieses mehrfach überarbeitete Gedicht in vier Strophen eingeteilt, denen jeweils eine thematische Überschrift (Zucht – Tat – Leiden – Tod) vorangestellt ist. Die ersten drei Strophen sind in der Anredeform der 2. Person Singular formuliert. Die vierte Strophe spricht zunächst den Tod und dann am Ende die Freiheit an. Das Subjekt der Strophe steht nun in der 1. Person Plural. Lyrisch sind die Strophen in Hexametern gearbeitet, auf das formprägende Element des Reims wird verzichtet. Bonhoeffer bezeichnete diese Fassung des Gedichts als einen *Rohbau* (DBW 8,572).

Der Lebensweg eines Menschen wird in diesem Gedicht ganz auf den Gedanken der Freiheit bezogen. Kaum ein anderes Thema beschäftigte Bonhoeffer in den Jahren der Gefangenschaft so sehr wie dieses, man denke an das Motiv der freien Verantwortung im *Rechenschaftsbericht* oder die zentrale Bedeutung der Mündigkeit in den theologischen Briefen. In diesem Gedicht kann man von einer biographischen Integration wichtiger Lernerfahrungen Bonhoeffers reden.

Zu Beginn ist Bonhoeffer die Unterscheidung echter Freiheit von Willkürfreiheit wichtig. Freiheit ist nicht Beliebigkeit. Autonomie besteht in dem Vermögen, sich selbst Gesetz zu sein, sich selbst zu führen nach Einsicht und nicht nach Lust und Laune. Im *Rechenschaftsbericht* hat Bonhoeffer deutlich gemacht, dass eine solche Betonung der Zucht missverständlich sein kann. Dieses Motiv kann missbraucht werden, um die konkrete Freiheit des Einzelnen immer schon durch Unterordnung unter das Allgemeine aufheben zu wollen. Die Hochschätzung des traditionellen Bürgertums für Tugenden wie Disziplin und Gehorsam wird durch die nationalsozialistische Perversion dieser Werte auf eine Probe gestellt. Aber mag ein solches Freiheitsverständnis allein noch unzureichend sein, gleichwohl hält Bonhoeffer es für eine unverzichtbare Stufe auf dem Weg zu wahrer Freiheit.

In der zweiten Strophe betont Bonhoeffer die Bedeutung der konkreten Tat. Zunächst wird die Einsicht wiederholt, dass Beliebigkeit kein Ausweis der Freiheit ist. Freiheit gibt es nicht nur in der Phantasie, die aus einer Außenperspektive über das Handeln reflektiert. Freiheit ist stets konkret, real nur im *Sturm des Geschehens*, d. h. in wirklicher Verantwortung. In der Entscheidung inmitten wirklicher Handlungsalternativen finden sich nicht immer äußere Legitimationsmuster für richtiges Handeln. Auch in der verantwortlichen Tat geht es nicht um das Beliebige: In christlicher Verantwortung leitet stets die Frage nach dem von Gott Gebotenen.

Dieses aber lässt sich nie situationsunabhängig fixieren, z. B. in Gestalt einer jeder Auslegungsbedürftigkeit enthobenen biblischen Vorschrift. Gehorsam ist nur echt, wo er Wagnis bleibt, Wagnis nur verantwortlich, wo es sich an Gottes Willen bindet. Nur im Vollzug wird Freiheit erfahren, eine Freiheit, die als Befreiung aus skrupulöser Verunsicherung erlebt wird und insofern unseren Geist *jauchzend* umfängt.

Im dritten Abschnitt wird deutlich, dass ethisches Handeln stets auch die Verantwortung für vollbrachte Taten mit einschließt. Die Parallele zu Bonhoeffers Biographie ist unübersehbar: In Bonhoeffers lyrischen Schaffen ist dies eine der wenigen Stellen, die seine eigene Situation als Gefangener benennt. Wie verhält man sich zu den Folgen seiner Tat, wenn man an dieser selbst nichts mehr ändern kann? Wie verhalte ich mich zum Ausdruck meiner Freiheit, wenn diese mir nur in der Erinnerung gegenwärtig ist? Zuletzt gilt es loszulassen, auch die Frage nach dem Recht bzw. Unrecht meiner Tat. Die letzte Beurteilung liegt nicht beim Täter, sondern bei Gott. Loszulassen ist auch die Frage der Handlungsfolgen. Die Metapher der stärkeren Hände bezieht sich sowohl auf Gottes überlegenes Urteil wie auf sein vollendendes Handeln. Die religiösen Ausdrücke einer *seligen* Freiheitserfahrung und der Erwartung *herrlicher* Vollendung zeigen eine Hoffnung über alles irdisch Denkbare hinaus an.

Der abschließende Ausblick der vierten Strophe auf *ewige Freiheit* greift biblische Erwartungen wie die paulinische *herrliche Freiheit der Kinder Gottes* (Röm 8,21) auf. Alle Freiheit, die wir jetzt erfahren, ist endliche Freiheit. Freiheit ist in Gott gegründete Ermächtigung und Verantwortlichkeit. Am Ende geht es um ein Innewerden des unverfügbaren tragenden Grundes menschlichen Lebens. Diesen Zusammenhang kann der Mensch weder begründen noch auflösen. Er kann sich seiner selbst nur vergewissern, indem er sich auf ein Instanz bezieht, die all seinem Handeln entzogen ist und die er doch als Grund voraussetzt. Darum findet eine solche Reflexion auf Grund und Grenze menschlicher Freiheit im *Angesicht Gottes* statt. Der Mensch erkennt sich vor Gott als Wesen endlicher Freiheit.

Eine letzte Pointe an diesem Gedicht ist hervorzuheben: Der Weg der Erkenntnis führt in Leiden und Tod. Der Tod ist letzte Zuspitzung des Leidens, und zugleich kippt an dieser Stelle die vermeintlich absteigende Linie eines äußeren Freiheitsverlustes um: Die letzte Stufe ist zugleich ein *höchstes Fest*. Dieser paradox anmutende Weg in die Tiefe und damit zugleich in die Vollendung des menschlichen Lebens erschließt sich nur von Kreuz und Auferstehung Jesu Christi her. Der Weg Christi wird nicht direkt angesprochen, er bleibt in diesem Gedicht anonym. Und doch ist der Weg Jesu die hintergründige Perspektive, die das äußerliche Scheitern als Vollendung zu sehen erlaubt. Damit wird sichtbar, dass die Einwilligung in Gottes Führen geprägt ist durch Jesu Gebetssprache in seiner Passion – sowohl durch sein Gebet in Gethsemane: *doch nicht wie ich will, sondern wie du willst* (Mt 26,39), als auch durch seine Bitte am Kreuz: *Ich befehle meinen Geist in deine Hände* (Lk 23,46). Von der Auferstehung Jesu her können selbst Leiden und Tod im Lichte der Verheißung wahrgenommen werden. Wie schon in *Christen und Heiden* setzen diese Gedanken einen Sinnzusammenhang voraus, den sie selbst nicht explizit machen. Bonhoeffers Gedichte zeigen hier deutlich, was er in seinen Briefen mit Arkandisziplin meint. Das Letzte kommt nicht vorschnell zur Sprache. Menschliche Lernerfahrungen werden in ihrer Mehrstufigkeit gewürdigt. Und doch wird ein tragender Sinngrund ahnbar für jeden, der sich von diesen Versen zu letzten Gedanken anregen lässt.

3.5.4 Die neue Sprache des Glaubens

Von guten Mächten

Von guten Mächten treu und still umgeben,
behütet und getröstet wunderbar,
so will ich diese Tage mit euch leben
und mit euch gehen in ein neues Jahr.

Noch will das alte unsre Herzen quälen,
noch drückt uns böser Tage schwere Last,
ach, Herr, gib unsern aufgescheuchten Seelen
das Heil, für das Du uns bereitet hast.

Und reichst Du uns den schweren Kelch, den bittern
des Leids, gefüllt bis an den höchsten Rand,
so nehmen wir ihn dankbar ohne Zittern
aus Deiner guten und geliebten Hand.

Doch willst Du uns noch einmal Freude schenken
an dieser Welt und ihrer Sonne Glanz,
dann wolln wir des Vergangenen gedenken,
und dann gehört Dir unser Leben ganz.

Laß warm und still die Kerzen heute flammen,
die Du in unsre Dunkelheit gebracht,
führ, wenn es sein kann, wieder uns zusammen.
Wir wissen es, Dein Licht scheint in der Nacht.

Wenn sich die Stille nun tief um uns breitet,
so laß uns hören jenen vollen Klang
der Welt, die unsichtbar sich um uns weitet,
all Deiner Kinder hohen Lobgesang.

Von guten Mächten wunderbar geborgen,
erwarten wir getrost, was kommen mag.
Gott ist bei uns am Abend und am Morgen
und ganz gewiß an jedem neuen Tag.

Inhalt und Form sind in diesem berühmtesten aller Gedichte Bonhoeffers in hohem Maße aufeinander abgestimmt. Das siebenstrophige Gedicht erfährt dadurch eine Rahmung, dass die erste und die letzte Strophe mit der einprägsamen Formulierung *Von guten Mächten* beginnen. Während in der ersten Strophe ein lyrisches Ich eine Gemeinschaft von Menschen anspricht, sind die weiteren Strophen alle als Anrede an Gott verfasst. Die erste Strophe spielt auf den Jahreswechsel an, die letzte auf den Tageswechsel. Die zweite und dritte Strophe sprechen behutsam von leidvollen Erfahrungen (*quälen, böser Tage schwere Last, aufgeschreuchten Seelen*), ohne dass das Leiden näher beschrieben wird. Die nächsten Strophen lassen diesen Hintergrund zurück und wenden sich der Hoffnung auf wiedergeschenkte Gemeinschaft zu.

Zunächst nur andeutend wird von Gott als von *guten Mächten* gesprochen In dieser Zurückhaltung spiegelt sich zum einen Bonhoeffers Überzeugung, dass Gott nicht vorschnell oder aufdringlich zur Sprache gebracht werden dürfe. Zum anderen zeigt sich darin auch der Bezug zu den ersten Adressaten des Gedichts, seiner Verlobten und seiner Familie, denen das direkte Reden über Gott und Glaube weniger vertraut war.

Das Gedicht kann als ein Beispiel *par excellence* gelesen werden für das, was Dietrich Bonhoeffer an nicht-religiöser Interpretation christlicher Glaubenserfahrung vorschwebte. Bonhoeffer suchte nach einer neuen Sprache, die ganz schlicht und einfach bleibt und ohne religiöses Sondervokabular auskommt.

Von Anfang bis Ende dominiert in diesen Versen die Erfahrung tiefer Gemeinschaft. Beginnt die erste Strophe mit dem Wunsch des lyrischen Ich nach Gemeinschaft mit anderen ihm vertrauten Menschen, so schließt das Gedicht in der

1. Person Plural und damit so, dass diese Worte für die Gemeinschaft als ganze formuliert sind. In der zweiten Strophe wird das Gedicht zum Gebet, ohne dass die Anrede an Gott die Sehnsucht nach menschlichem Zusammensein verdrängt. Vielmehr wird Gott durchweg auf uns, auf die menschliche Gemeinschaft im Diesseits, bezogen, wie die Freude und der Glanz der Sonne in der vierten Strophe unterstreichen. Die weltliche Gemeinschaftserfahrung behält ganz und gar ihren unersetzlichen Wert, so dass es in der fünften Strophe heißen kann: *führ, wenn es sein kann, wieder uns zusammen.* Auch die sechste Strophe formuliert mit dem Bild gemeinsamen Singens die Hoffnung auf eine Wiederherstellung der Gemeinschaft. Gottesgemeinschaft und menschliches Zusammensein sind eng aufeinander bezogen, wie Bonhoeffer es auch in seinem Brief vom 21.8. formuliert: *gewiß ist, daß wir in dem allen in einer Gemeinschaft stehen, die uns trägt. Zu all dem hat Gott in Jesus Ja und Amen gesagt.* Darum vertraut der Beter die Zusammenführung der jetzt Getrennten der Fürsorge Gottes an.

Am Anfang und am Ende des Gedichts wird die Führung des Lebens durch Gott als *wunderbar* bezeichnet. Die Worte Wunder bzw. das Wunderbare wurden in der damaligen Zeit durchaus als religiöse Begriffe verstanden. Gleichzeitig aber wurde dieser Wortstamm vielfach auch in der Alltagssprache verwendet. Man denke an die überaus populären Lieder Zarah Leanders *Ich weiß, es wird einmal ein Wunder geschehen* (1942) und *Wunderbar* (1951), bis hin zur von der nationalsozialistischen Propaganda geschürten Hoffnung auf eine »Wunderwaffe« Adolf Hitlers. Die von Bonhoeffer verwendeten religionsaffinen Begriffe sind also in seiner Zeit sehr präsent. Bonhoeffers Erwartung des Wunderbaren ist nicht auf eine Durchbrechung aller Wahrscheinlichkeit ausgerichtet.

Das eigentliche Wunder ist die Gemeinschaft der Liebe, die Erfahrung der Nähe und Zuwendung, sowohl Gottes als auch der Menschen. Das Gedicht gewinnt seine ganze Ruhe und Gelassenheit daraus, dass diese Gemeinschaftsbilder häufiger und zentraler sind als die Andeutungen zum leidvollen Hintergrund des Getrenntseins.

Aber natürlich geht es in diesem Gedicht, das zum Gebet wird, auch um den Umgang mit Leiderfahrungen. Bei aller Hoffnung auf eine Wiederherstellung irdischen Glücks rechnet der Beter auch mit der Möglichkeit weiteren Leidens und verhält sich dazu in einer Haltung der Ergebung. Im Brief an Eberhard Bethge vom 21.2. hat Bonhoeffer über das Verhältnis von Widerstand und Ergebung näher nachgedacht. Bonhoeffer schätzte Cervantes' Roman *Don Quijote* außerordentlich. In den beiden Hauptfiguren sah er zwei Lebenseinstellungen verkörpert: in Don Quijote den radikalen Widerstand gegen jedes widrige Schicksal, in Sancho Pansa hingegen das bereitwillige Sichabfinden mit der jeweiligen Lage. In beiden Haltungen sieht Bonhoeffer einseitige, ideologische Übertreibungen. *Wir müssen dem »Schicksal« – ich finde das »Neutrum« dieses Begriffs wichtig – ebenso entschlossen entgegentreten wie uns ihm zu gegebener Zeit unterwerfen.* (DBW 8,333) Bonhoeffer hatte mit seinen Freunden alles versucht, den Nationalsozialismus nicht nur als unentrinnbares Schicksal zu betrachten, sondern aktiven Widerstand zu leisten. Am Ende aller Bemühungen gibt es nicht nur die Alternative von verzweifelter Fortsetzung oder Resignation. Auch in einem unentrinnbaren Schicksal kann am Ende Gott gefunden werden: *Gott begegnet uns nicht nur als Du, sondern auch »vermummt« im »Es«, und in meiner Frage geht es also im Grunde darum, wie wir in diesem »Es« (»Schicksal«) das »Du« finden, oder [...] wie aus dem »Schicksal« wirklich »Füh-*

rung« wird. (DBW 8,333 f.) Bonhoeffers Überlegungen und Erfahrung zur Führung durch Gott finden in diesen Versen eine prägnante Verdichtung. Es gilt, dennoch Ja zu sagen, in aller Unbegreiflichkeit der Wegführung, und doch im Vertrauen, dass Gott es gut macht. In solche Frömmigkeit der persönlichen Führung durch Gott bleibt dieser ganz und gar ein unverfügbares Geheimnis.

Die Ergebung in den Willen Gottes bedeutet in diesen Strophen keine Abwendung von der Welt und der menschlichen Gemeinschaft. Noch das *wir* der letzten Strophe unterstreicht den Wert der Verbundenheit untereinander. Es gibt in diesem Gedicht zugleich auch die Bereitschaft loszulassen, die Einwilligung in weiteres Leiden. Bemerkenswerterweise ist diese Haltung der Ergebung nicht das letzte Wort, nicht der Höhepunkt, auf den die Gedankenführung zusteuert. Eine solche Überbietung des Vorletzten durch das Letzte liegt dieser Frömmigkeit fern. Darum wird diese Ergebung in den Willen Gottes in der dritten Strophe formuliert. Hatte sich Bonhoeffer in den Briefen der vergangenen Monate vielfach mit der Gethsemanegeschichte auseinandergesetzt, so nimmt er nun noch einmal eine neue Perspektive ein. Jetzt geht es nicht darum, bei Gott in seinem Leiden zu stehen, sondern sich mit dem betenden Jesus von Nazareth zu identifizieren: *Nimm diesen Kelch von mir; doch nicht, was ich will, sondern was du willst.* (Mk 14,36) So ist nun auch der Beter bereit, weiteres Leid aus Gottes Hand anzunehmen.

Dabei dürfte es wichtig sein, Formulierungen der Ergebung wie die Annahme des Leidens *aus Deiner guten und geliebten Hand* und dies auch noch *dankbar ohne Zittern* vor falscher Verabsolutierung zu bewahren. Auch hier gilt Bonhoeffers grundlegende Einsicht, dass Gedanken nie in sich wahr sind, sondern immer nur im Kontext einer bestimmten

Situation. Eine solche Sprache der Ergebung ist kein allge-
meingültiges Vorbild, geschweige denn eine Vorschrift. Es ist
eine Haltung, die Bonhoeffer am Ende eines langen Weges
findet. *Es gibt Stufen der Erkenntnis*, betont Bonhoeffer in
seinem Brief vom 5.5., und letzte Einsichten sind nicht wahr
ohne den langen Weg, an dessen Ende sie stehen können.
Aber am Ende stehen nun diese Gedanken. Ohne den Wert
menschlicher Gemeinschaft und weltlichen Glücks auch nur
ansatzweise in Frage zu stellen, formuliert das Gedicht die
Gewissheit eines ungeschützten Vertrauens. Der Grund dieses Vertrauens ist offensichtlich dieses *Gott ist bei uns*. Dass
diese Gewissheit durch Leiden und Sterben tragen kann, ist
offenkundig das, was der Beter der Passionsgeschichte des Jesus von Nazareth entnimmt.

C
Anhang

Quellennachweis

Alle Texte dieses Buches folgen der historisch-kritischen Ausgabe von »Widerstand und Ergebung« in: Dietrich Bonhoeffer Werke, Bd. 8, Gütersloh 1998.

Nach zehn Jahren. Rechenschaft an der Wende zum Jahr 1943 (DBW 8, 19–39)

An Eberhard Bethge, Tegel, 30.4.1944 (DBW 8, 402,26–408)

An Eberhard Bethge, Tegel, 5. Mai 44 (DBW 8, 414,11–416,10)

Auszug aus Gedanken zum Tauftag von Dietrich Wilhelm Rüdiger
      Bethge, Tegel, Ende Mai 1944 (DBW 8, 435,12– 436,22)

An Eberhard Bethge, Tegel, 29. Mai 44 (DBW 8, 454,14–456,2)

An Eberhard Bethge, Tegel, 8. Juni 44 (DBW 8, 476,4–483)

An Eberhard Bethge, Tegel, 27. Juni 44 (DBW 8, 499,21–501,7)

An Eberhard Bethge, Tegel, 30. Juni 44 (DBW 8, 503,16–504)

An Eberhard Bethge, Tegel, 8. Juli 44 (DBW 8, 509,13–512,5)

Gedicht »Wer bin ich?«, Tegel, Sommer 1944 (DBW 8, 513–514)

Gedicht »Christen und Heiden«, Tegel, Sommer 1944 (DBW 8, 515–516)

An Eberhard Bethge, Tegel, 16. Juli 44 (DBW 8, 529,17–535,4)

An Eberhard Bethge, Tegel, 18. Juli 44 (DBW 8, 535,9–537,26)

An Eberhard Bethge, Tegel, 21. Juli 44 (DBW 8, 541–543,2)

An Eberhard Bethge, Tegel, 27. Juli 44 (DBW 8, 545,14–546,3)

An Eberhard Bethge, Tegel, 28. Juli 44 (DBW 8, 548,12–549,19)

An Eberhard Bethge, Tegel, 3. August 1944: Entwurf einer Arbeit, Tegel,
      August 1944 (DBW 8, 556-561)

Gedicht »Stationen auf dem Weg zur Freiheit«, Tegel, August 1944 (DBW 8,
      570–572)

An Eberhard Bethge, Tegel, 21. August 44 (DBW 8, 572,15–573,25)

Gedicht »Von guten Mächten«, Berlin, Dezember 1944 (DBW 8, 607–608)

Literatur

I. *Texte und Bibliographien*

Dietrich Bonhoeffer Werke. 16 Bände und Register, hrsg. von Eberhard Bethge, Ernst Feil, Christian Gremmels, Wolfgang Huber, Hans Pfeifer, Albrecht Schönherr, Heinz Eduard Tödt (†) und Ilse Tödt, München/Gütersloh 1986-1999 (DBW).

Dietrich Bonhoeffer, Widerstand und Ergebung. Briefe und Aufzeichnungen aus der Haft. Vollst. Ausgabe, vers. mit Einleitung, Anmerkung und Kommentaren, hrsg. von Chistian Gremmels, Eberhard Bethge und Renate Bethge in Zusammenarbeit mit Ilse Tödt, (DBW 8) Gütersloh 1998.

http://www.dietrich-bonhoeffer.net/bibliografie/ (fortlaufend)

II. *Zu Biographie und Geschichte*

Eberhard Bethge, Dietrich Bonhoeffer. Theologe – Christ – Zeitgenosse. Eine Biographie, Gütersloh ⁹2005.

Sabine Dramm, V-Mann Gottes oder der Abwehr? Dietrich Bonhoeffer und der Widerstand, Gütersloh 2005.

Charles Marsh, Dietrich Bonhoeffer: Der verklärte Fremde. Eine Biographie, Gütersloh 2015.

Christoph Strohm, Theologische Ethik im Kampf gegen den Nationalsozialismus. Der Weg Dietrich Bonhoeffers mit den Juristen Hans von Dohnanyi und Gerhard Leibholz in den Widerstand, München 1989.

Christiane Tietz, Dietrich Bonhoeffer. Theologe im Widerstand, München 2013.

Renate Wind, Dem Rad in die Speichen fallen. Die Lebensgeschichte des Dietrich Bonhoeffer, Gütersloh 2006.

III. *Zur Forschung*

Ernst Feil, Die Theologie Dietrich Bonhoeffers. Hermeneutik – Christologie – Weltverständnis, Berlin ⁵2006.

Andreas Pangritz, Dietrich Bonhoeffers Forderung einer Arkandisziplin – eine unerledigte Anfrage an Kirche und Theologie, Köln 1988.

Tobias Schulte, Ohne Gott mit Gott. Glaubenshermeneutik mit Dietrich Bonhoeffer, Regensburg 2014.

Ralf K. Wüstenberg, Glaube als Leben. Dietrich Bonhoeffer und die nicht-religiöse Interpretation biblischer Begriffe, Frankfurt/Main 1996.

Ders., Ein Theologie des Lebens. Dietrich Bonhoeffers »nicht-religiöse Interpretation biblischer Begriffe«, Leipzig 2006.

Peter Zimmerling, Die Frömmigkeit Bonhoeffers in den Gefängnisjahren. Herausforderung an uns heute, in: Rainer Mayer, Peter Zimmerling (Hrsg.), Dietrich Bonhoeffer: Beten und Tun des Gerechten. Glaube und Verantwortung im Widerstand, Gießen/Basel 1997, S. 62–85.

Ders., Rainer Mayer, Dietrich Bonhoeffer. Mensch hinter Mauern, Theologie und Spiritualität in den Gefängnisjahren, Gießen/Basel ²1995.

Zu den Gedichten

Jürgen Henkys, Geheimnis der Freiheit. Die Gedichte Dietrich Bonhoeffers aus der Haft. Biographie – Poesie – Theologie, Gütersloh 2005.

Who am I? Bonhoeffers Theology through his Poetry. Hrsg. von Bernd Wannenwetsch, London 2009.

Zu einzelnen Aspekten seines Werkes

Friederike Barth, Die Wirklichkeit des Guten. Dietrich Bonhoeffers »Ethik« und ihr philosophischer Hintergrund, Tübingen 2011.

Nadine Hamilton, Dietrich Bonhoeffers Hermeneutik der Responsivität. Ein Kapitel Schriftlehre im Anschluss an »Schöpfung und Fall«, Göttingen 2016.

Florian Schmitz, »Nachfolge«. Zur Theologie Dietrich Bonhoeffers, Göttingen 2013.

Peter Zimmerling, Bonhoeffer als Praktischer Theologe, Göttingen 2006.

IV. Dietrich Bonhoeffer für den Religionsunterricht

Vielfältige Projektanregungen und Lehrmaterialien zu Dietrich Bonhoeffers Leben und Denken für den Schul- und Konfirmandenunterricht finden sich auf dieser Webseite: http://www.dietrich-bonhoeffer.net/projekte-unterricht/.

Veit-Jakobus Dieterich, Dietrich Bonhoeffer – 1906 bis 1945: Ein Materialheft für die Oberstufe, Stuttgart 2006.

Ders., Dietrich Bonhoeffer 1906–1945. Lehrerband zum Materialheft für die Oberstufe, Stuttgart 2007.

Gustav Echelmeyer, Dieter Storck, Dietrich Bonhoeffer: Ein Lese- und Werkbuch für Schule und Konfirmandenunterricht [...] für die Arbeit mit Kindern vom 4. Schuljahr an, Neukirchen-Vluyn 2007.

Christina Lange, Was sagt mir Dietrich Bonhoeffer? Zugänge für den RU in der Sek I und II, Göttingen 2017.

Zeittafel

1906	4. Februar. Geburt in Breslau als sechstes von acht Kindern
1912	Umzug der Familie Bonhoeffer nach Berlin, wo der Vater Karl Bonhoeffer Direktor der Klinik für psychische und Nervenkrankheiten an der Charité wird
1923	Beginn des Theologiestudiums in Tübingen
1924	Italienfahrt
1924	Fortsetzung des Studiums in Berlin
1927	Promotion bei Reinhold Seeberg mit *Sanctorum Communio*
1928	Erstes Theologisches Examen in Berlin
1928/1929	Auslandsvikariat in der deutschen Auslandsgemeinde in Barcelona
1929/1930	Assistent in Berlin bei Prof. Wilhelm Lütgert
1930	Zweites Theologisches Examen
1930	Habilitation mit *Akt und Sein*
1930/1931	Studienaufenthalt in New York an Union Theological Seminary
1931	Wahl zum Jugendsekretär des Weltbundes für Freundschaftsarbeit der Kirchen
1931	Privatdozent in Berlin
1931	Ordination
1931	Betreuung einer Konfirmandenklasse in Berlin-Wedding
1933–1935	Auslandspfarrer in einer deutschen Gemeinde in London
1934	August: Ökumenische Konferenz in Fanö
1934	Sommer: Loslösung der Auslandsgemeinde von der Reichskirche und Anschluss an die Bekennende Kirche
1935	April: Übernahme der Leitung des Predigerseminars der Bekennenden Kirche zunächst in Zingst, dann in Finkenwalde
1936	Entzug der Lehrbefugnis an der Berliner Universität
1937	Schließung des Predigerseminars in Finkenwalde durch die Gestapo, Beginn der Sammelvikariate in Köslin und Groß-Schlönwitz
1937	Veröffentlichung von *Nachfolge*
1938	Veröffentlichung von *Gemeinsames Leben*
1939	Vortragsreise in die USA – Ende Juli Rückreise vor Beginn des Krieges
1940–1943	Arbeit an der *Ethik*
1940	August: Beginn der Tätigkeit bei der Abwehr und im Widerstand

1940	September: Redeverbot und Meldepflicht
1941	März: Druck- und Veröffentlichungsverbot
1942	Kontakt mit der britischen Regierung im Auftrag des Widerstands
1943:	17. Januar: Verlobung mit Maria von Wedemeyer
1943	5. April: Verhaftung und Einlieferung in das Gefängnis Berlin-Tegel
1944	20. Juli: Gescheitertes Attentat auf Hitler
1944	8. Oktober: Überführung in das Gestapogefängnis in der Prinz-Albrecht-Straße, Berlin
1945	7. Februar: Verlegung ins KZ Buchenwald
1945	9. April: Ermordung im KZ Flossenbürg